극일의 한국
혐한의 일본
———— 가깝고도 먼 이웃

한 성 환 지음

대 자

머 리 말

일본은 우리에게 어떤 존재일까.

가깝고 다정한 이웃사촌일까 아니면 북한보다도 더 경계해야 할 주적(主敵)일까.

23년 동안 일본에서 생활하면서 얻은 개인적인 결론은 일본은 결코 우리의 다정한 이웃이 될 수 없다는 것이다. 비록 주적은 아닐지라도 그들은 언제나 우리를 억누르고 짓밟으며 발아래의 만만한 상대로 여기며 대해 왔다. 이제 한국은 옛날의 그 한국이 아니다. 그들과 대등하게 견줄 만큼 덩치가 커졌다. 이 사실을 인지한 그들은 그럴 수가 없다며 온갖 혐한 행동과 한국 때리기에 열을 올리고 있다. 악마의 얼굴로 아가리를 벌리고 우리를 물어뜯겠다고 달려든다. 바로 지금 우리는 그들의 악마의 얼굴을 보고 있다.

징용공 문제만 해도 그렇다. 개인의 청구권 문제는 정부 간의 협정으로는 소멸되지 않는다는 게 국제 인권법의 상식인데도 아예 외면하고 있다. 더구나 일본정부와 일본 최고재판소도 한일청구권협정에 의해 개인의 손해배상권은 소멸되지 않았다고 자기들 스스로 인정하고 떠벌이던 사실을 2000년대 들어 특히 아베정권이 들어서고부터는 한일청구권협정에서 전부 해결되었다고 우겨댄다. 그러면서 한국이 이의 해결책을 가지고 오라며 오히려 윽박지른다.

그런데 여기서 주목해야 할 점은 오늘까지 많은 한국의 징용공이 일본 법원에 청구소송을 냈으나 그 많은 판결 중 단 한 건도 '이건은 65년 한일청구권협정에서 이미 해결되었다'라고 내린 판결이 하나도 없다는 사실이다.

이러한 상황들을 종합해 보면 일본은 징용공 문제를 해결할 필요성을 전혀 느끼지 못한다는 것이다. 이렇게 요구조건을 내걸며 시간을 끌면서 자기들보다 우위에 서려는 한국을 꼼짝 못 하게 조이고 대외적으로는 파렴치한 한국이라는 이미지를 심으려는 속셈이 보인다. 이 이야기는 필자가 하는 말이 아니라 양식 있는 일본의 지식인들이 하는 말이다.

이 책을 쓰면서 되도록이면 반일감정에 치우치지 않고 23년간 보통의 일본인들과 어울리며 보고 느낀 그대로의 일본을 전달하려고 애썼다. 그동안 보고 접한 일본은 요즘 우리나라에서 쉽게 얘기하는 '일본은 망했다'거나 '한국이 일본을 앞섰다'는 등 일본이 금방 망할 것처럼 얘기하는 사람들에게는 '일본은 아직은 건재하다'고 알리고 싶고, 반면 아직도 일본을 넘사벽으로 봐 감히 일본에 대적하기를 겁부터 내는 국내의 일본 지상주의자들에게는 서서히 침몰해 가는 일본을 생생하게 알리고 싶다.

일본이 한국에 치명타를 가하기 위해 반도체 재료를 무기로 삼아 수출제한이라는 악수를 두어 제 발등을 찍는 결과를 초래하고 말았지만 그게 끝이 아니다. 지금까지 그랬듯이 한국을 그들의 발밑에 두고 꼼짝 못 하게 하고, 그들을 앞서려는 한국을 견제하기 위해 수십 가지의 카드를 만지작거리며 기회를 노리고 있다.

그 견제수단 중에는 한국으로 수출하는 소재·부품·장비의 전면 수출금지, 한국의 은행에 대해 일본은행이 보증해주는 지급보증의 철폐, 방문비자의 전면철폐(지금처럼), 일본 내 한국인 또는 한국업체의 자산동결, 재일교포에 대한 지위 격하 등이 있다.

가끔 한일 간에 큰 이슈가 터질 때마다 그들은 재일 한국교포들의 법적 지위 문제를 들고 나오곤 한다. 그들의 눈에 재일교포들은 언제나 이방인이며 거래 대상의 인질일 뿐이다. 그래서 재일교포들의 입지는 항상 불안하다. 역사적으로 돌이켜 보면 그들은 재일교포라는 카드를 너무나 잘 이용하고 있다.

1951년 연합국들과 패전국 일본과의 전후처리를 논의하는 샌프란시스코강화조약에 한국도 참석하게 되어 있었다. 그러나 영국과 일본은 '한국은 참전국이 아니므로 참가할 수 없다'고 끈질기게 주장하였고 특히, 일본은 자국 내에 거주하는 한국인들의 법적 지위 문제를 거론하는 한편 만약 한국을 연합국의 일원으로 인정할 경우 대부분이 공산주의자인 재일한국인들이 사회적 혼란을 야기시킬 것이라고 연합국 측을 설득, 결국 연합국은 한국의 참가를 무산시켰다.

아직도 일본에는 46만 명의 재일교포가 살고 있다. 매년 9천 명 안팎의 교포 젊은이들이 일본인으로 귀화했으나 요즘은 그 수가 4천 명대로 줄었다고 한다. 이젠 한국 국적의 젊은이로 살아가도 아주 떳떳하게 살아갈 수 있다는 얘기다. 들리는 바로는 한국 국적의 남자로 있는 게 결혼 상대를 구하는데 훨씬 유리하다고 한다.

우리는 그들을 보살피고 돌봐야 할 의무가 있다. 그러므로 일본과 싸우더라도 항상 그들을 염두에 두고 그들에게 해가 가지 않도록 노력해야 한다. 그들이 모국에 바라는 바는 너무나 단순하다. "제발 한국이 더더욱 발전하여 경제력이건 군사력이건 모든 면에서 일본을 누를 수 있는 날이 빨리 와서 막강해진 고국 덕분에 일본인 눈치 보지 않고 한국인으로 살아갈 수 있는 날이 어서 왔으면 좋겠다"는 것이다.

지금 실타래 엉키듯 엉켜 버린 한일 간의 문제들을 풀기에는 지대한 노력과 시간이 필요할 것이다. 더구나 이 정권에서 엉망으로 만들어 놓은 한일관계를 정상화시키기 위해선 더 큰 노력이 필요하다고 본다. 그러나 언젠가는 풀어야 하고 또 풀어질 것이다. 역사가 그걸 증명해 주고 있다. 우리 세대에서 풀지 못한다면 우리 다음 세대에선 반드시 풀어야 할 숙제다. 우리의 자식이나 후손들이 그들과 마주앉았을 때 다시는 한일청구권협정과 같은 애매모호한 협정을 체결하지 않고 우리에게 유리한 협상을 할 수 있도록 능력을 길러 주어야 한다.

그러기에 무엇보다 우리 후손들의 교육이 중요한 이유다.

두서없는 졸필이지만 끝까지 읽어 주실 것을 부탁드리면서….

2021년 9월
후쿠오카에서,
한 성 환

목 차

머리말 / 3

01. 패전국 일본의 부활

초토화된 도쿄 시내와 사상 초유의 원폭투하	17
잿더미 속에서 재기	26
오일쇼크 속에서 발전하는 일본 산업기술	29
세계에서 부러움을 산 일본기업들	31
버블 붕괴의 시작	33

02. 버블 황금기에서 추락의 시대로

찬란했던 일본기업들의 황금기	37
버블경제를 눈치챈 일본정부	41
전자산업의 몰락	43
재기를 꿈꾸며(오! 옛날이여)	47
향후 전기자동차 시대에서의 한·일 격돌	50
디지털시대와 동떨어진 기업경영 및 사고방식	52
현실에 만족할 수 없는 한국의 반도체 산업	54
우리가 경계해야 할 상대는 중국	56

03. 아날로그시대에서 디지털시대로 도약하지 못하는 일본

너무나 후진적인 행정 65
디지털 한국과 아날로그 일본 67
현찰거래 관습에서 벗어나지 못하는 일본인 70
도장문화와 FAX를 버리지 못하는 일본인 72

04. 일본 젊은이들의 현주소

일본을 일군 건 그들의 조상들 77
도전정신을 잃고 사는 일본 젊은이들 78
초식남이 되어 버린 일본의 젊은이들 80
K-pop과 K-food를 좋아하는 사토리 세대들 83
피폐화되어 가는 일본의 젊은이들 85
피폐해진 사회에서 일으키는 끔찍한 범죄 88
외국에까지 나가 빈둥거리며 살아가는 일본 젊은이들 90

05. 황폐해 가는 일본인 의식

역전 당하는 일본, 과거에 사로잡힌 일본인 95
황폐화 속에서의 앙갚음 98
갑과 을의 관계에서 갑과 갑의 관계로 101

격화된 한일관계를 보는 일본 지식인들　　　　104
주저앉은 경제대국 일본　　　　107
초창기 한류가 그들에게 끼친 영향　　　　109
코로나의 초기 대응에서 본 그들의 혼란상태　　　　113

06. 혐한 행동의 실체

소설 파친코에서 묘사되는 혐한　　　　119
자이니치(재일교포)들의 애환사　　　　122
일본의 조직적인 혐한활동　　　　125
우리의 아픈 곳을 지적하는 혐한가들　　　　130
예능계나 스포츠계, 사업계로밖에 갈 수 없는 사회　　　　133
한일관계에서 정치문제는 극히 일부분　　　　137
재일교포들의 모국 사랑　　　　140
이젠 한국정부가 그들(재일교포)을 도와야 할 때　　　　144

07. 징용공 문제

1965년의 한일청구권협정이란　　　　149
수시로 변하는 일본 사법부의 법률해석　　　　151
야나이 슌지 씨의 증언　　　　153
한국 대법원의 징용공에 대한 판결　　　　158

11

징용공 판결에 관한 일본 지식인들의 견해 160
우쯔노미야 변호사의 해석 163
아사이 모토후미 전 외교관의 격노한 증언 166
한국 판결엔 理가 있고 일본의 주장엔 非가 있을 뿐 169
아베의 주장을 신봉하는 일본국민들 171
한국 지법이 대법원과 상반된 판결을 내리다 174
한국 사법부 판결에 대한 해외 반응 177
화해를 가로막는 일본정부 179

08. 그래도 무시 못 할 나라 일본

부자는 망해도 10년은 광이 비지 않는다 183
장인정신을 빛내는 일본의 중소기업들 186
세계 최고(最古)기업, 백제인이 세운 금강조(金剛組) 189
무역적자는 있어도 경상수지 적자는 없는 일본 192
세계 최대 자동차 기업 토요타의 진로 194
기술입국 일본 196
마쯔리(祝祭)의 나라 일본 200
중국과 일본과의 기싸움 206

09. 일본인들의 근본 사고 : 그중엔 배워야 할 점이 있다

남에게 폐를 끼치지 마라 211
죽으면서까지 폐를 끼치지 않으려는 일본인 213
지시 없이는 움직이지 않는, 지시만 따르는 민족 215
NO라고 직접 표현하지 못하는 일본인 217
일본의 부동산 임대차 제도 219
선비 문화와 실용주의[칼] 문화 221
규율·지시라는 프레임에 갇혀 버린 일본인 224
규율과 지시에 따를 수밖에 없었던 그들의 역사 227
혼네(本音)와 다테마에(建前) 229

10. 도쿄 올림픽을 끝내고

무리하게 개최된 올림픽 233
일본인들을 들끓게 만든 한국의 선수급식센터 235
끝날 줄 모르는 한일 간 경기장 밖 싸움 238
한일 간의 싸움은 언제 끝날 것인가 240

1

패전국 일본의 부활

초토화된 도쿄 시내와 사상 초유의 원폭투하

　제2차 세계대전에서 일본제국은 처참한 패전국이 되었다. 일본의 수도 도쿄는 미군기의 폭격으로 시 전체가 잿더미로 변해 버렸다. 1942년 4월 18일부터 1945년 8월 전쟁이 끝날 때까지 동경 시내가 폭격을 받은 횟수만도 60회가 넘는다. 연합군이 빨리 일본의 항복을 받아내기 위해 판자촌으로 이루어진 동경 민가에 소이탄을 터트려 시가지를 태우는 작전을 썼기 때문이다.

　당시 폭격으로 일본 국내에서 10만 5천여 명이 사망했으며 300만 명의 이재민이 발생한 대참사였다. 동경뿐만 아니라 60여 개의 지방도시에도 폭격을 퍼부었지만 일본정부는 항복을 거부했다. 이때 만약 일본이 항복을 했더라면 원폭투하라는 참상은 피할 수 있었을 것이다.

폭격으로 불타버린 도쿄시내

 1945년 8월 6일, 최후의 수단으로 연합군은 히로시마에 'Little Boy'라는 원폭을 투하했고, 8월 9일에는 야하타제철 (新日本製鐵)이 있는 키타큐슈시에 다시 원폭을 투하하기로 했으나 당일 키타큐슈시내엔 짙은 안개가 끼어 지형파악이 되지 않아 결국 나가사키로 변경, 나가사키시내에 'Fat man'이라는 원폭을 투하하였다. 사상 초유로 벌어진 원폭투하로 이 두 군데의 사망자만 25만 명이라는 가공할 숫자가 발생했다. 이 중에는 3만 명이라는 조선인 사망자도 포함되어 있다.

나가사키 원폭투하 6일 후인 8월 15일 일본은 연합군에 무조건 항복을 선언하며 9월 2일 항복문서를 전달함으로써 제2차 세계대전은 막을 내렸다. 일본과 연합했던 독일은 5월 7일 유럽에서 이미 항복을 선언한 후였다.

패전 후 일본은 연합국 최고사령부(GHQ)의 통제 하에 놓이게 되었다. GHQ는 일본을 더 이상 군수물자나 공업물자를 만들지 못하도록 농업국가로 만들 계획을 가지고 임하게 되있다. 그러니 만성적인 식량부족과 인플레이션으로 일본은 극심한 경제불황을 맞이했다. 제2차 세계대전이 끝난 후 공산진영과의 냉전체제가 가속화되던 중이었는데 GHQ는 일본을 반공진영으로 끌어들이기 위해 특단의 조치를 취했다. 냉전 하에서 일본을 반공의 기지로 만들기로 한 것이다.

설상가상으로 한국전쟁이 발발하여 연합국 최고사령부는 어쩔 수 없이 일본을 재무장시키기로 결정했다. 여태껏 억제해 온 일본 국내의 생산설비를 확충케 하고 군수물품을 생산토록 유도하고 감옥에 있던 전범들을 석방해 정치·경제·사회의 주체로 세웠다.

왜냐하면 그들(전범들)이 메이지유신 때부터 자본주의 사회를 추구해 온 반공산주의자들이었기 때문이다. 전범들은 다시 정부의 요인으로 중용됨으로써 제2차 세계대전 전범들의 처벌이 흐지부지, 애매모호하게 된 채로 오늘날까지 이르게 되었다. 이때 A급 전범에서 다시 정부요직에 앉게 된 전범 중에는 총리가 된 기시 노부스케(岸信介)가 있었다. 그는 아베신조(安倍晋三)의 외할아버지다.

A급 전범들

불기소되어 처벌을 면한 A급 전범들 : 2번째가 기시 노부스케

A급 전범처리에 관한 일화

1946년 5월부터 시작된 극동국제군사재판(도쿄재판)은 1948년 11월까지 약 2년 반에 걸쳐 행해졌다. 연합국그룹이 전범을 선별하고 처리하는 과정에서 임시변통으로 엉성하게 응급처리한 결과 오늘날까지 많은 문제점들을 낳고 있다. 연합국그룹은 A급 전범을 극히 몇 명을 제외하고는 군인(그것도 육군)으로만 제한했다.

천왕은 전범에서 제외됐을 뿐만 아니라 참고인으로도 부르지 않았다. 그리고 3차까지의 재판이 있을 예정이었으나 1차로 끝냈다. 처음 28명이 기소되었으나 도중에 2명은 병사, 1명은 이상한(?) 병명하에 소추가 면제, 석방되었다(아래에서 설명). 나머지 25명 전원은 실형을 선고받았다(7명은 사형).

사형선고를 받을게 틀림없던 악마의 731부대는 미국과의 추악한 거래(인체실험 자료제공)로 모든 대원이 재판에서 제외되었다(아래에서 설명).

잘 알려지지 않고 있지만 징용된 조선인들이 포로가 된 연합군들의 감시원으로 근무했다는 사실로 처형당한 경우도 있었다. 사형수 7인의 유해는 일본인들이 떠받들 것을 우려해 바다에 뿌렸다.

이렇게 부실한 전후처리가 일본에겐 큰 면죄부를 준 셈이다. '우리는 독일과는 다르다. 도쿄재판은 승전국이 내린 일방적인 판결이므로 우리는 따를 수 없다'라고 주장하는 일본 극우사관의 주장원인을 제공하게 된 셈이다.

전범처리과정에서 눈여겨 볼 몇 가지 일화를 소개한다.

① A급전범 도고 시게노리 (東鄕茂德, 한국명 : 박무덕, 1882-1950)

그는 한국인의 후손으로서 태평양전쟁 당시 일본의 외무대신이었다. A급전범으로 20년형을 받고 도쿄 스가모형무소에 수감 중 1950년 7월 감옥에서 병사했다. 조선인 핏줄이란 핸디캡이 있음에도 그는 독일대사, 소련대사를

거쳐 두 번이나 외무대신을 지냈다. 전쟁종식을 위해 무던히도 애를 썼으며 1943년 포츠담회담 때는 일왕에게 수용할 것을 적극 건의한다.

그는 1598년 정유재란 때 남원에서 일본장수 시마즈에게 끌려온 도공 박평의의 후손이다. 외교관 출신 도고 가즈히꼬(76)는 시게노리의 손자가 된다. 박평의가 남원에서 도자기광 시마즈에게 끌려올 때 역시 동향출신의 심당길이라는 도공도 함께 끌려왔다. 그는 지금 가고시마의 미야마에서 도자기를 굽고 있는 심수관의 조상이다. 박평의의 후손들과 심당길의 후손(심수관)들은 400여년을 한동네에 살면서 끈끈한 연을 이어가고 있다. 오늘날 미야마에는 심수관의 요가 있으며 도고 시게노리의 기념관이 있다.

② 731부대장 이시이 시로
 (石井四郎, 1892~1959)

그는 교토대학 의학부 출신의 의사로서 그 천인공노할 731부대의 창설자이다.

창설 초창기 부대원 전원이 가명을 사용했다고 한다. 패전이 짙어

지자 만주 하얼빈 본부의 731부대는 증거인멸을 위해 서류와 400여명의 인체실험대상자(마루타)를 태워죽이고 귀국한다. 그는 전범으로 기소될 것을 두려워한 나머지 병사(病死)로 위장 거짓장례까지 치룬 적이 있으며 최후엔 미국과의 세기의 더러운 거래 (모든 생체실험 데이터와 세균전에 관한 자료를 미국에 건네주는 조건으로 731부대원들 전원을 기소하지 않기로 합의함)를 하게 된다.

도쿄재판이 끝난 후 731부대원은 단 한명도 기소되지 않고 어떤 죄의 대가를 받지도 않았으며 일본사회의 핵심요원으로 아무런 제재 없이 살아왔다. 부대장 이시이는 죽을 때까지 의학계의 대부로 살았으며 어떤 부대원은 교토의과대학의 학장이 되기도 했고 어떤 부대원은(內藤良一, 나이토 료이치) 녹십자라는 회사를 설립해서 당시 한국의 전쟁터로 혈액(혈장)을 수출해 떼돈을 벌게도 된다.

결국 731부대가 자행한 수많은 만행들은 이런 식으로 묻히게 되었다. 단지 731부대가 있었던 터에서는 수십 기 아니 수백 기의 해골만 발굴될 뿐이다.

③ 미친 행동으로 풀려난 오오가와 슈메이 (大川周明, 1886-1957)

도쿄대 출신으로 일본의 사상가. 도쿄재판에서 민간인으로서는 유일하게 A급전범으로 기소되었다. 그러나 정신장해자로 진단되어 소추면제가 되어 석방되었다.

그 후 그의 정신장해로 인한 미친 짓들이 살아남기 위한 쇼가 아니었나하는 의구심이 팽배했었다.

왜냐하면 석방 후 그는 이슬람의 코란경전을 일본어로 번역하는 힘든 일을 완수했기 때문에 더욱 세간의 의심을 받을 수밖에 없었다.

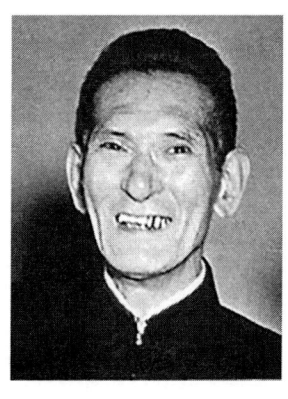

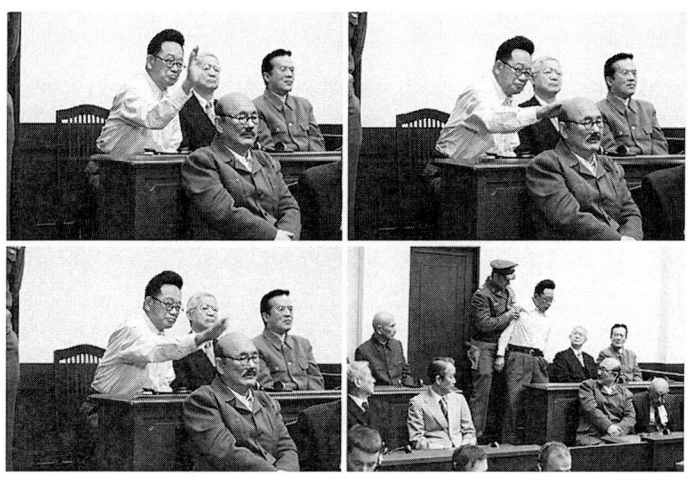

TV 드라마 속에서의 도죠 히데끼와 오오가와 슈메이
그는 정신 이상으로 인정받아 소추 면제되어 석방됨
(앞에 앉은 도죠 히데끼의 머리를 계속 때리고 있는 장면)

잿더미 속에서 재기

꽃

한국전 발발로 일본 전역이 전쟁물자의 보급기지로 변하였다. 당시 부도 직전의 토요타 자동차가 생산했으나 팔지 못하고 있던 트럭 등 수천 대의 재고차를 한국의 전쟁터로 보냈다. 이로써 토요타는 기사회생하였고 일본 국가경제 또한 한국전쟁을 계기로 공장설비를 증설하고 가동률을 증가시킴으로써 패전으로 잿더미가 된 경제상태에서 완전히 일어서게 됐다.

패전의 잿더미에서 훌훌 털고 일어나 국가를 안정시키고 경제발전의 기틀을 마련한 그들은 이를 기념하기 위한 기념비 설립을 계획했다. 동경 시내 한복판에 우뚝 선 높이 333m의 '도쿄타워'가 그것이다. 총 철강재 4천 톤이 소요된 초대형 기념비다. 이 4천 톤 속에는 한국전쟁에서 사용된 탱크 33대의 고철도 녹아 있다. 아마도 한국전쟁으로 떼돈을 벌어 국가를 부흥시킨 데 대한 감격의 표시로 이를 구입하여 사용하지 않았을까. 1958년의 일이다.

1958년 완공된 도쿄타워

　1960년대 들어 사회는 안정되고 민간소비는 급격히 성장하여 생산업체들은 서둘러 생산설비를 확충하고 국민들의 needs에 맞춰 제품개발을 하였다. 그 당시 가전업체들은 처음으로 삼종의 신기(三種의 神器)라고 불린 흑백TV·세탁기·냉장고를 대량생산하여 보급함으로써 일본사회생활을 한 단계 up-grade 시킨다. 이 당시 가전제품 붐으로 엄청난 부를 축적한 가전업체들, 즉 히타치, 마쓰시타(파나소닉), 소니 그리고 자동차의 토요타 등이 일본경제를 견인하며 눈부신 경제성장을 하였다.

1965년까지는 일본의 경제력이 아직 미미했으나 1969~70년에 일본은 유럽의 모든 국가를 앞지르게 되었다. 당시 유럽 국가들은 황금알을 낳던 식민지를 잃고 몰락하던 중이었다. 드디어 일본이 독일을 앞지르고 세계 2위의 경제대국으로 올라섰다. 그 위치는 그 후 40년 간 지속되었다.

오일쇼크 속에서 발전하는 일본 산업기술

1973년 세계에 불어닥친 오일쇼크가 일본에도 직격하여 침체기를 맞는 듯했다. 그러나 잘나가던 대기업들, 즉 소니·파나소닉·토요타·혼다·캐논 등은 50년대와 60년대에 축적한 엄청난 자금력과 기술력으로 잘 버텨내 미국과 유럽의 라이벌사들을 고사시키고 세계시장을 장악하였다. 이때부터 일본의 전자업체에서 미국의 인텔이나 IBM 같은 거대기업을 인수할 거라는 소문이 나돌기도 했다. 토요타자동차는 이 기회를 놓치지 않고 연비가 좋은 소형차를 개발하여 미국시장 침투에 대성공을 거두었다.

70년대에 불어닥친 두 번의 오일쇼크가 일본기업들을 다시 한 번 에너지효율 기업으로 세계적인 명성을 얻게 했다. 에너지 절약을 성공시키기 위해 마른수건도 두세 번씩 짠 노력의 결과다. 이때 얻은 그들의 성과를 몇 가지 열거해 보면, 냉장고의 진공단열재를 개발하며 종래의 우레탄 단열재에 비해 단열효과를 10배나 끌어올림으로써 소비전력을 7분의 1로 줄일 수 있었다.

그들의 공작기계산업 또한 이때를 맞아 큰 진척을 보였다. 공작기계에 컴퓨터를 조합하는 NC머신(수치제어공작기계)을 개발하며 기계설비 및 장치산업에서 세계의 강자가 되었다. 1997년부터 양산하기 시작한 하이브리드 승용차의 개발을 시작한 것도 이즈음부터다.

이때부터 세계 제1의 수출국으로서 일본은 막대한 무역흑자를 거두었다. 70년대에 들어 도쿄의 시가지는 빌딩숲으로 덮였고 최첨단의 효율적인 OFFICE 빌딩이 등장하기 시작했다.

세계에서 부러움을 산 일본기업들

❧

1970년대 말쯤 일본에 출장 갔을 때 일본은 모든 면에서 선진국이었다. 그 당시는 일본이 세계에서 '경제동물(Economic Animal)'이라는 악명을 듣긴 하지만 세계 최고 최대의 경제대국으로 착착 진행할 때였다. 직장인이든 사업가든 모두가 자신감이 넘쳤다. 수입이 좋으니 역시 돈 씀씀이도 좋았다. 회사원들은 웬만해선 걸어다니지 않고 택시를 이용하며 교외 공장에 갈 때도 하루종일 택시를 차-터해서 다니는걸 보고 부러워했던 적이 있었다.

돈이 잘 벌리니 사원에 대한 대우도 무척 좋았다. 개인들 또한 구입한 주식이나 주택 값이 매일 오르니 씀씀이가 매우 헤퍼졌다. 버블기의 접대문화 또한 사치의 극을 달리고 있었다. 거래처 직원들과 같이 그들의 단골 스나쿠(스낵)나 살롱에 따라가면 초호화판의 시설에 기가 질릴 지경이었다. 같이 간 직원 대부분이 bottle keeping한 것들을 꺼내서

마시는데 모두가 비싼 술들이었다. 이들의 수입이 과연 얼마나 될까 하고 나름대로 추측하곤 했다. 그 당시 가는 술집마다 영상가라오케 박스를 갖추고 있었는데 당시 8-track tape의 구식 가라오케가 없어지고 막 영상 가라오케가 유행할 때였다. 이 기기가 세계의 방방곡곡에 '가라오케'라는 이름으로 파고들어 세계적인 공용어가 되었다.

당시 우리나라의 1인당 GDP가 연간 $3,400 정도였으나 일본은 우리의 다섯 배가 넘었으니 그들의 소득이 얼마나 높았는지 짐작할 수가 있다. 대졸신입사원의 월 급여가 5백만 원에 가깝고 중견사원의 연봉이 일억이 넘을 때였다.

버블 붕괴의 시작

 1988년 드디어 일본은 일인당 국민소득이 2만 불을 넘어서면서 미국을 앞지르게 되었다. '더 이상 외국의 경제모델을 배울 데가 없다. 따라잡을 목표가 없다' 'JAPAN AS NO.1'이라고 스스로 자만하기 시작할 때가 이때부터다. '2등은 분발하지만 1등은 자만하다가 결국 뒤쳐지고 만다'는 철칙을 소홀히 하고 말았다.

 미국은 자기들보다 앞설 가능성이 있는 나라는 아예 싹을 잘라 버린다. 다른 나라가 앞서는 꼴을 못 보는 나라다. 지금의 중국에 대한 조치가 그렇고 과거 일본이 잘 나갈 때 일본에 대한 대응 역시 그랬다.

 1985년 일본과 독일의 수출이 최절정기였을 때 무역적자에 시달리던 미국은 일본의 수출을 꺾기 위해 급작스레 엔화 환율의 대규모 인상을 강요하여 성사시켰다. 이것이 그 후 일본이 버블붕괴로까지 이어지는 '플라자 합의'의 실체이다.

1985년 9월 플라자 합의 시 달러당 240엔이던 환율이 1년 뒤에는 153엔으로, 2년 뒤에는 120엔으로까지 엔이 절상되었다. 이때 한국은 엔 절상으로 인한 경쟁력 강화로 수출증대라는 반사이익을 얻었다.

그러다 일본의 버블 붕괴가 시작되었다. 1992년부터 버블은 붕괴되고 1995년을 정점으로 일인당 GDP가 4만2천여 불까지 증가했다가 잃어버린 30년을 맞았다. 지금도 그들은 그때의 GDP를 따라잡지 못하고 있다. 그동안 일본경제가 전혀 발전을 못하고 침체기에 빠져 있었다는 증거다. 반면 한국은 쉴 새 없이 발전하여 오늘날 일본의 GDP를 80%까지 따라잡았다.

일본이 이런 식으로 정체가 계속된다면 2027년 전후하여 한국이 일본의 국민소득을 추월할 것이라는 전망이다. 물론 구매력 GDP는 이미 일본을 추월한 상태다. 일본은 30년 가까이 침체의 늪에서 좀처럼 빠져나오지 못하고 있다.

2

버블 황금기에서
추락의 시대로

찬란했던 일본기업들의 황금기

한때 세계 50대 대기업 속에 일본기업이 33개나 차지한 적이 있었다. 이때가 바로 버블의 전성기 1986~91년이었다. 한마디로 세계의 모든 돈이 일본으로 흘러간다는 말이 나올 때였다. 웬만한 기업에선 돈이 넘쳐 씀씀이가 방만하기 그지없었다. 당시 구직활동을 하던 한 지인(知人)의 말을 빌리면 면접시험 치러 회사를 방문하면 어김없이 교통비, 식대 조로 2~5만 엔이 들어 있는 봉투 하나씩을 주었다고 했다.

그는 이 수입에 맛을 들여 합격통지를 받은 후에도 몇 군데 면접을 더 다녀 모은 돈으로 바이쿠(오토바이) 한 대를 샀다고 자랑했다.

학교를 졸업도 하기 전에 입도선매로 대기업이 싹 쓸어가던 시대였다. 요즘은 대기업 중견사원의 연봉이 대략 440만 엔 전후라고 보는데 그 당시엔 천만 엔에 가까웠다고 한다. 모두가 꿈을 꾸는 것만 같았다고 한다. 일본은 이제 미국도 앞지르는 세계 최고의 부자나라임을 자부하던 때였다.

수출업체 역시 MADE IN JAPAN의 수출이 잘되다 보니 이익잉여금이 쌓여만 갔다. 반면 수입국인 미국은 대일 무역적자가 계속 불어나 심각한 상황이었고, 결국 1985년 일본과의 무역적자를 줄이기 위해 일본정부를 압박하여 환율 조정 합의에 이른 것이다(플라자 합의). 당시 1달러 240엔이던 환율이 1년 후엔 150엔대까지 절상되었으니 충격과 혼란이 대단했다. 물론 수출에 초비상이 걸렸다.

일본정부는 힘든 수출업체를 살리겠다고 무제한 저리의 대출을 해주었다(당시 금리 6%를 2.5%로 떨어뜨림). 그러나 대다수의 수출업체는 장기간 누렸던 호황으로 엄청난 富를 축적한 상태였다. 회사들의 막대한 이익 유보금에 쉽게 얻어지는 정부의 대출금으로 엄청나게 늘어난 자금, 갈 곳은 뻔했다. 모두가 주식과 부동산 투기에 날이 새는 줄 몰랐다.

1985년 닛케이 주가지수가 12,000선이었던 것이 4년 후에는 38,900대로 치솟았다. 부동산 또한 투기수요의 폭증으로 매일 값이 올라갔다. 은행들은 담보물의 200%까지 대출을 해주는 장려책을 썼다. 조금만 지나면 담보물 가격이 배로 뛰기 때문이다. 1987~88년 1년 동안 부동산은 3배나 뛰었다. 동경 긴자의 땅값이 평당 1억 엔을 넘어섰다.

동경을 팔면 미국 전 국토를 살 수 있다는 말이 거짓이 아니었다. 국내에 불을 지펴놓은 자금이 이번엔 해외로 퍼져나갔다. 1985년 환율이 1달러 240엔에서 1년 만에 150엔으로 절상되었으니 해외 물건 값이 갑자기 40%나 저렴해진 셈이니 엔 CARRY가 시작되고 마구잡이식 해외 물건의 구입 붐이 일어났다.

이 당시 미쯔비시는 록펠러센터를 사들였으며 소니는 콜럼비아 픽쳐스를, 파나소닉은 유니버셜 픽쳐스를, 심지어 뉴욕의 상징인 엠파이어 스테이트 빌딩마저도 일본 컨소시엄으로 넘어갔다. 마치 진주만 공격을 감행하듯 닥치는 대로 사들였다. 명화 역시 그들의 투자 대상에서 벗어날 수 없었다. 1987년 야스다 화재해상보험은 고흐의 해바라기를 3,990만 달러에 사들였다.

1989년 일본 미쯔비시가 2,200억 엔에 구입한 록펠러센터

1987년 일본 야스다 화재가 53억 엔에 구입한 고흐의 해바라기

버블경제를 눈치챈 일본정부

❧

　버블에 대한 인식이 전혀 없었던 정부가 1989년에 들어와서야 경제의 심각성을 인식하고 긴급하게 조치했다. 우선 대출을 조이기 시작했다. 2.5%이던 금리를 6%까지 인상하고 LTV를 200%에서 70%로 대폭 낮추었다. 그리고 은행들은 채권회수를 위해 대출금을 빨리 갚으라고 옥죄기 시작했다.

　이 모든 조치는 갑작스레 단기간에 취해졌는데, 불량채권들이 쌓여만 갔다. 돈만 생기면 주식 또는 부동산에 투자하던 개인이나 기업들이 갑작스런 대출금 상환독촉에 응할 능력이 있을 리 만무했다. 소유한 주식·채권·부동산을 매물로 내놓기 시작했다. 갑자기 쏟아지는 매물증가로 값은 바닥까지 떨어졌다. 주가와 부동산의 대폭락이 시작되었다.

　20억에 산 동경 중심지의 맨션이 단돈 1억에 팔렸다고 하니 버블의 붕괴가 어느 정도였는지 짐작이 된다. 쌓여만 가는 불량채권으로 인해 17개의 은행이 파산했다.

결론적으로 급작스런 은행들의 대출채권회수와 금리인상이 버블붕괴의 큰 요인이었다고 정부는 자인(自認)하고 있다. "이 세상에 공짜 점심은 없더라. 무에서 유를 창조할 수는 없는 것이다"라고 뒤늦게 일본정부는 후회했다. 버블붕괴로 인해 일본의 경제, 사회적인 붕괴는 물론 그들의 자부심 또한 여지없이 망가졌다. 세계 넘버원으로 자만했던 그들의 자존심이 하루아침에 한없이 추락하고 말았다.

무역역조를 막으려던 미국의 플라자 합의는 결국 세계에서 두 번째로 큰 일본경제를 잃어버린 30년의 전초전으로 내몰고 말았다.

'솥뚜껑 보고 놀란 가슴은 쇠똥 보고도 놀란다'고 그 후 30여 년이 지난 지금도 일본인들은 주식뿐 아니라 자기가 살 집을 구입하는 것도 극도로 꺼린다. 맨션이나 주택을 구입할 능력이 충분히 되는데도 임대주택에 살기를 원한다. 주택이나 맨션을 구입하겠다고만 하면 은행에서 구입금액의 100%를 35년 장기대출을 받을 수 있다. 이자 또한 연 0.4~0.6%로 아주 저렴하다. 그러나 일본사람들은 이런 좋은 조건에도 선뜻 주택을 구입하지 않고 월세로 살기를 원한다. 과거에 너무 혼쭐이 났기 때문이다.

전자산업의 몰락

1980년대와 90년대 초 일본이 아주 잘나갈 때 일본경제를 견인했던 건 전자산업이었다. 소니·히타치·파나소닉·토시바·NEC·샤프·산요·후지쯔 등 그 이름만 들어도 어느 정도 유명한 세계적인 브랜드 가치의 기업들이었는지 알 수 있다.

그러나 오늘날 이 많은 전자업체는 한국과 중국의 도전에 견디지 못하고 쇠퇴의 길을 걷고 있다. 2000년대부터 침체의 길을 걷던 그들이 결국 산요는 2009년 파나소닉으로 편입되고, NEC의 컴퓨터 사업 부문은 2011년 중국에 매각, 2012년에 히타치와 NEC가 반도체 사업 부문을 합쳐 세운 ELPIDA는 결국 파산, 샤프는 LCD의 사업부진과 TV의 수출부진으로 2016년에 대만의 홍해그룹에 매각되고, 토시바는 분식회계의 발단으로 어려움을 겪다가 결국 반도체 부문을 한국 SK가 포함된 한미일 펀드에 지분매각, 또한 그들의 백색

가전 부문은 중국의 메이디그룹에 매각했다.

그들이 한창 잘나가던 1983년 삼성전자의 이병철회장이 향후 삼성은 반도체 개발에 명운을 걸겠다는 이른바 '도쿄선언'을 했다. 당시 세계의 D램 반도체시장을 장악하던 일본 반도체 업체들, 즉 토시바·NEC·히타치 등은 코웃음을 쳤다. 당시 트랜지스터나 만들던 삼성은 반도체 분야에 일본보다 15년이나 뒤져 있던 때였다.

그러나 삼성은 천신만고 끝에 1983년 12월 드디어 64K D램 개발에 성공했다. 나아가 1991년에는 16메가D램 개발도 성공함으로써 세계를 놀라게 만들었다. 이때부터 공식적으로 삼성이 일본을 앞지르게 된 것이다. 1994년 8월, 드디어 어느 누구도 가보지 못한 256메가D램을 세계 최초로 개발함으로써 D램 업계의 독보적인 존재가 되었다. 우리의 국치일(國恥日)인 8월 29일 개발발표회를 가진다. 바로 이날이 일본에겐 국치일이 되어 버렸다.

이로써 삼성은 D램의 세계를 완전히 석권하게 되었다. 기술개발면에서, 가격면에서 일본의 반도체 메이커들은 이젠 삼성에 대적할 수가 없다. TV와 냉장고 같은 백색가전 또한 자국 내에서만 쉐어를 유지할 뿐 해외시장은 LG, 삼성 그리고 중국업체에게 거의 빼앗긴 상태다. 삼성은 여기에 머물지 않고 2030년까지 시스템 반도체 세계 제1의 대만 TSMC를 추월하겠다고 나섰다. 이 기간에 133조 원을 투자하겠다니 그 규모가 어느 정도인지 잘 짐작이 가지 않는다. 일본의 기존 반도체업체들에게는 이젠 삼성을 따라가려야 따라갈 수 없는 넘사벽의 대상이 되고 말았다.

삼성전자는 글로벌기업으로서 그규모나 영업실적면에서 감히 따라올 일본기업은 없다. 족탈불급이라고 할까(삼성전자의 최근의 시총가격 520조원, 일년 매출액 280조원, 영업이익 51.7조원). 세계 100대 기업에 포함되는 일본의 3개기업(토요타, 소니, 키엔스)들의 2021년 영업이익을 다 합쳐도(44조원) 삼성전자의 영업이익을 따라올 수 없다. 더구나 일본의 주력전자기업들, 소니, 히타치, 파나소닉, 도시바, NEC, 후지쯔, 미쯔비시, 샤프 등 9개업체의 영업이익을 전부 합쳐도 삼성전자의 이익을 따라올 수 없다.

그러나 문제는 삼성을 제외한 한국기업들의 기업규모가 너무 차이가 난다는 것이다.

삼성전자 하나만이 세계적인 기업(세계16대 기업)인데 반해 그뒤를 따르는 기업들(SK하이닉스, LG화학, 현대, 쿠팡, 삼성 바이올로지, 네이버) 등은 세계200대 기업에도 들지 못한다.

2022년 1월 현재 시총 세계100대 기업엔 중국이 5개기업

(텐센트, 귀주 마오타이, CATL, 알리바바, 메이퇀), 일본이 3개기업(토요타, 소니, keyence)이 포함되어 있지만 한국은 단 한군데(삼성전자)밖에 없다. 세계500대 기업군을 봐도 일본은 14개의 기업이 포함되어 있지만 한국은 단 6군데뿐이다. 이점이 한국경제 규모의 최대 취약점이다. 반도체 업종에서 뿐만 아니라 그 외의 첨단산업, 예를 들어 수소경제 관련산업이라든가 바이오산업, 신에너지산업과 같은 혁신산업에서도 세계적인 기업이 속속 등장해야만 할 것이다.

재기를 꿈꾸며 (오! 옛날이여)

　최근에 와서 일본정부는 빼앗긴 옛날의 반도체산업의 영화를 되찾기 위해 나섰다. 세계 최대의 비메모리 반도체 파운더리 회사인 대만의 TSMC를 끌어들여 일본의 20개 사의 소재·부품·장비회사들과 함께 도쿄 북쪽의 이바라키현 쓰쿠바시에 연구단지를 제공함과 동시에 연구개발 사업비 370억 엔 중 절반을 보조금으로 지원하기로 했다. 쓰쿠바시는 우리나라 대덕연구단지와 같은 연구소만 300여 개가 있다.

　즉, 일본 굴지의 소재·부품·장비업체인 이비덴(팩키징전문업체), 아사히카세이(소재기업), 시바우라 메카트로닉(장비업체) 등의 20개 업체를 협업업체로 지정하고 TSMC가 반도체 후공정(팩키징)연구에 주력하는 데 도움을 주기로 했다. 한편 SONY는 TSMC와 합작으로 10조 원 규모의 반도체 합작공장을 구마모토시에 건립키로 했다.

　소니의 주력 상품인 이미지 센서의 칩을 TSMC에서 공급

받아 오던 체계를 국내에 그들의 공장을 유치함으로써 보다 안정적으로 공급받기 위함이다. 이미지 센서의 칩 생산은 20나노급 공장이라도 충분하므로 20나노급의 파운드리 공장을 소니의 이미지센서 공장이 있는 구마모토에 세울 계획이라고 한다. 소니의 이미지 센서는 세계 시장점유율이 48%가 넘는 일본 내 글로벌 반도체 품목 중 유일한 존재다.

이처럼 최근 세계의 반도체 시장은 하루가 다르게 급박하게 돌아가고 있다. 한양대 박재근 교수는 "정부가 나서서 파격적인 지원방안을 제시하고 기업을 모셔와야 할 만큼 반도체 시장은 급박하다. 한국정부가 보다 적극적으로 나서야 한다. 세제나 금융지원은 물론 지금의 화학물질 관리규제나 주 52시간제 같은 엄격한 규제를 과감히 풀어야 한다"고 주장하고 있다.

일본이 아직은 추월당하지 않고 경쟁력을 가진 업종이라면 자동차산업(TOYOTA ONLY)과 소부장 산업(소재·부품·장비) 그리고 ANIMATION 정도라고 할까. 이 중 소부장산업은 100여 년을 내려온 그들의 장인정신이 깃든 아주 소중한, 놓칠 수 없는 산업이라고 자부하고 있다.

좀 더 구체적으로 보면 토요타의 자동차 산업, 소니의 반도체인 '이미지 센서', 수많은 게임기업의 게임산업(닌텐도·

세가·소니·코나미 등) 그리고 파나소닉의 '전기차 배터리' 정도가 경쟁력을 가지고 있다. 특히 게임산업은 최근 비디오 게임을 즐기는 국내 인구가 6,700만 명이나 되는 어마어마한 시장을 보유하고 있다.

철강·조선업은 한국이 일본을 앞지른 지 오래다.

한때 세계를 석권했던 카메라산업(CANON·NIKON·OLYMPUS 등)은 스마트폰의 발달로 인해 고전을 면치 못하고 있다.

2019년 아베총리가 한국의 반도체산업에 타격을 주기 위해 반도체생산에 필수소재인 웨이퍼 세정용 불화수소, EUV 회로 인쇄 시 쓰이는 감광액인 포토 레지스트 그리고 반도체/디스플레이에 입히는 폴리이미드, 이 세 가지를 한국에 수출하는 것을 제한한 바 있으나 우리 업체들은 잠깐 혼란은 있었으나 결국 큰 문제없이 해결할 수 있었다. 일본정부의 바보 같은 술수로 인해 결국 기존의 일본업체들만 좋은 거래처를 놓치고 '닭 쫓던 개' 신세가 되고 말았다.

향후 전기자동차 시대에서의 한·일 격돌

일본의 자동차산업은 오로지 토요타(TOYOTA)가 견인하고 있다. 닛산이나 혼다는 이제 현대·기아의 적수가 되지 못한다. 오늘날 일본 경제에서 자동차산업이 20%의 고점유율을 나타내고 있다. 이제 자동차산업마저 망하면 일본이 망한다는 얘기가 터무니없는 얘기가 아니다. 그나마도 토요타가 있기 때문에 자동차 생산 NO.1의 명성을 유지하고 있는 것이다. 이러한 세계적인 토요타도 곧 다가올 전기자동차 시대에 세계와의 경쟁에서 과연 어떻게 될 것인가.

전기자동차에 관한한 일본은 이미 테슬라보다 2년 앞서 닛산이 Leaf라는 이름으로 전기자동차를 생산, 판매하고 있다. 하지만 많은 문제점으로 국민들에게서 외면받고 있다. 그래서일까. 일본국민들은 전기차의 필요성을 느끼지 못하고 자국에서 발명한 하이브리드에 만족하고 있다.

전기자동차라는 새로운 패러다임으로 가야만 하는 토요

타에겐 그것이 큰 장해물이 될 것이다. 국내의 요구사항, 표준을 무시할 수 없기 때문이다. 일부의 자동차 전문가들은 '토요타는 앞으로 갈라파고스 증후에 빠져 전기자동차 시장에선 현대·기아차에 밀릴 것이다'라고 한다. 즉 자국 내의 요구조건이나 규격에 맞는 제품만 생산하다가 세계의 유행, 표준에서는 점점 멀어져 가는 갈라파고스 섬에 갇히듯 고립될 것이라고….

그러나 토요타는 무시 못 할 존재다. 자동차에서뿐만 아니라 그들은 글로벌 리-딩 기업답게 사업다각화에 혼신의 힘을 쏟고 있다. 2020년 초 토요타 아키오 사장은 'SMART CITY'(WOVEN CITY) 건설에 대한 포부를 밝힌 바 있다. 자율주행차가 도시를 달리고 로봇·드론택시 등 첨단기술을 접합시킨 도시건설을 하겠다는 것이다. 이를 테면 전 도시에 5G를 도입하고 AI기술이 녹아 들어간 도시를. 그런데 놀랍게도 현재 후지산 아래 시즈오카에 이미 건설 중이며 2025년에 완성할 계획이다. 현대자동차 또한 스마트 시티에 관한 포부와 청사진을 밝혔으나 아직 시작도 못한 상태다.

뿐만 아니다. 차세대의 전기자동차에 대한 최대의 숙제이자 난제인 전고체 배터리 개발에서도 토요타가 제일 앞서고 있다. 이 또한 토요타의 장래가 밝게 보이는 요소다.

디지털시대와 동떨어진 기업경영 및 사고방식

❧

일본은 시간을 다투어 결정하고 투자하여 생산해야 되는 반도체 산업에는 체질적으로 한국에 질 수밖에 없다. 반도체뿐만 아니라 다른 산업분야에서도 의사결정을 내리기까지 너무나 많은 시간과 회의를 거쳐야 하기 때문이다. 결정권자 한 사람이 책임을 지지 않고 경영회의를 거쳐 간부들의 의견을 조정해 다수의 의견을 조정한다. 빨리빨리 결정하여 시도하고 문제점을 해결해 나가는 한국 스타일이 반도체사업에는 훨씬 유리하다.

장인정신이 훌륭한 것이기는 하나 디지털 산업엔 맞지 않는다. 새로운 것을 추구하지 못하고 획기적인 발상의 전환을 기대할 수 없는 근시안이 되고 말기 때문이다. 한국은 그때그때의 시황을 잘 파악해서 팔릴 수 있는 물건을 만들지만 일본은 그렇게 할 수 있는 기민성이 없다. 그들은 가격을 떠나 품질 좋은 물건을 만든 후 팔리기를 기다리는 타입이다.

반도체산업은 설비 투자와의 전쟁이다. 투자의 시기를 놓치면 경쟁에서 밀려나고 만다. 1991년에 반도체 업계에 극심한 불황이 닥쳤을 때 한결같이 몸을 움츠리는 일본 반도체 업체들과는 달리 삼성은 엄청난 투자를 했다. 대 발상의 전환이었다. 그 뒤 얼마 되지 않아서 반도체 호황이 찾아왔으니 절호의 투자였다.

현실에 만족할 수 없는 한국의 반도체 산업

하지만 한국의 반도체산업, 특히 삼성전자 반도체의 앞날은 결코 순탄하지는 않다. 삼성은 메모리반도체만으로는 한계가 있다. 세계 최고의 권좌에 올랐으나 실적이 오르지 않는다. 우선 메모리반도체의 시장규모가 작다. 시스템반도체의 외형이 전체 반도체의 70%인데 반해 메모리 반도체의 금액은 30%에 불과하다.

하루속히 시스템반도체의 쉐어를 키워야 한다(대만의 TSMC는 57%의 세계시장 쉐어를 쥐고 있는데 반해 삼성은 18%밖에 되지 않는다). 그러나 쉐어를 키운다는 게 그렇게 쉬운 게 아닌가 보다. 2019년부터 한국정부는 시스템반도체에 집중 투자, 지원하겠다고 다짐하고 삼성은 이에 맞춰 향후 2030년까지 시스템반도체에 133조 원을 투자하여 TSMC를 따라잡겠다고 청사진을 펼쳐보였으나 아직은 이렇다 할 실적이 없다.

삼성으로선 시스템반도체를 넓히는데 회사구조상 큰 핸

디캡이 있다. TSMC는 철저한 파운드리기업(foundry), 즉 설계업체(fabless)에서 설계를 받아 생산만 해주는 업체인데 반해 삼성은 설계부터 생산까지 하는 종합 반도체업체이다. 애플이나 인텔, 퀄컴 같은 세계적 팹리스들이 자기들의 기업비밀인 설계도를 라이벌인 삼성에 넘겨주기를 극히 꺼리고 있다. 따라서 100% 파운드리만의 별도회사가 시급하다고 본다.

그리고 반도체산업 종사기업수와 덩치를 키워야 한다. 몇 개의 기업만으로 한정되어 너무 취약하다. 예로 미국에는 매출 1조 원 이상 반도체기업이 32개사가, 대만도 21개사가 있는 데 반해 한국은 7개사뿐이다. 심지어 미국의 견제를 받고 있는 중국마저도 17개사가 1조 원 이상의 반도체 기업이다.

우리가 경계해야 할 상대는 중국

우리가 가장 경계해야 할 상대는 중국이다. 매일매일 약진하고 있는 중국기업들의 신장세는 우리를 놀라게 할 뿐만 아니라 두렵기도 하다. 특히 중국정부의 대대적인 장려책에 따라 그동안 IT빅테크기업들은 엄청난 발전을 거듭해 덩치를 부풀려왔다. 이미 우리를 멀찌감치 앞섰거나 맹렬히 추격해오고 있는 중국의 빅테크기업들을 한 번쯤 살펴볼 필요가 있다.

2020년까지만 해도 세계10대 시총 대기업에 알리바바와 텐센트가 포함되었었다. 그러나 이젠 세계10대 기업 속에는 중국기업이 한군데도 없다. 단지 2021년 9월 시총 세계100대 기업에 중국의 5개 기업이 포함되었을 뿐이다(한국은 단 한군데만 포함). 도대체 무슨 일이 있었을까.

시총액 675조원으로 세계11위를 차지한 텐센트(인터넷게임, 위챗SNS업체 소유)를 비롯하여 490조원의 귀주(貴州) 마오타이, 알리바바(396조원), 2차전지 제조업체인 CATL(시총251조원), 그리고 음식배달업체인 메이퇀(197조원)이 전부다. 2020년 말까지만 해도 100대 기업 속엔 11개의 중국기업들이 포진하고 있었다.

여기서 유일하게 마오타이는 IT빅테크기업이 아닌 술(고량주; 빼갈) 제조업체이기에 눈길을 끌고 있다. 한때 시총이 삼성전자를 넘어선 적이 있으며 중국본토에서 제일 고가(高價)의 주식으로 통한다(주가33만원~45만원선).

한국의 증시게시판엔 삼성전자의 주식이 제일처음 나오듯이 중국에선 마오타이의 주식이 제일 먼저 나온다. 이제 마오타이주는 중국에서뿐만 아니라 세계의 명주가 되었다. 품귀현상으로 인해 백화점 같은 곳에서 500ml 병당 60만원 이상으로 팔리고 있다고 한다(사진참조). 많은 중국인들이 이 회사의 주식과 이술 매매로 부자가 된 서민이 많다고 한다.

품귀현상으로 워낙 고가이다 보니 가짜 마오타이가 전세계를 휩쓸고 있다. "속지 않고 정품을 살려면 귀주의 공무원이나 공산당 간부가 차 속에 싣고 다니는 것을 사라"는 말이 생길

정도이다.

근래엔 중국정부의 반독점규제법위반 및 개인정보보호법위반이라는 명목하에 수많은 IT(빅테크)기업들이 정부의 규제 대상이 되어 압력을 받아왔다. 텐센트를 비롯해 알리바바, 디디츄씽(適適出行; 인터넷배차기업), Bytedance(틱톡), 핀둬둬(拼多多; On line 상거래업체), 메이퇀(美團点評; 인터넷 배달업체) 등이 피해기업들이다. 알리바바의 마윈회장을 비롯해 빅테크기업의 젊은 창업자들이 줄줄이 퇴출(은퇴) 당하고 있다. 틱톡을 개발하여 중국2위의 부자가 된 장이밍은 겨우 38세이다. 노동자 아들로 태어나 2015년 핀둬둬라는 인터넷상거래업체를 설립하여 7억 8천만 명이 이용하는 중국3대 인터넷 상거래업체를 만들어낸 황청(黃崢)은 41세의 젊은 나이인데 정부의 압력으로 퇴출되어 곧 회사를 떠나게 된다. 모두가 반독점법위반과 개인정보보호법위반으로 내몰렸기 때문이다.

정부의 압력과 처벌로 2020~21년 사이 뉴욕증시에 상장된 중국 빅테크기업들의 주가하락으로 입은 손해는 900조원을 상회한다. 2021년 9월까지 마지막으로 세계10대 기업에 남아있던 텐센트는 1조달러에 가깝던 시총이 중국정부의 규제와 압력으로 주가가 반토막이 나버렸다.

2021년 10월 상해의 한 금융서밋에서 알리바바의 마윈이 정부 금융고관들 앞에서 연설한 "정부의 금융시스템은 전당포에 불과하다"고 내뱉은 한마디에 정부의 눈총을 받던 그는 결국 4조원에 가까운 벌과금을 냈다. 이후 알리바바는 주식시장에서 400조원의 손실을 보게 된다. 4개월간 행방이 묘연했다가 나타난 마윈은 회장직을 내려놓고 퇴출되었다.

중국 최대기업 텐센트의 마화텅(马化腾, 50)은 시진핑이 공동부유론을 꺼내든 직후 정부에 18조원을 기부하겠다는 약속을 하게 된다. 일종의 보험료인 셈이다. 18조원이라면 우리나라 최고부자의 재산보다 큰 액수이다. 이래저래 중국의 대표 빅테크기업 6곳이 2021년 한해에 정부에 낸 벌과금 내지는 기부금이 30조원을 훨씬 넘는다.

그러면 중국정부는 자기들이 애써 키워놓은 빅테크기업을 왜 이렇게 규제하고 압박할까. 이유는 무엇보다 이 업체들 모두가 정부도 가지지 못한 빅데이터를 가지고 있다는 것이다. 더구나 미국의 증시에 상장할 경우 이를 제출, 공개해야만 한다. 자국의 극비문서를 적국에 넘기는 것과 같다.

그래서 미국증시에 상장하는 것을 억제해 왔다. 그리고 근년에는 시진핑의 공부론(공동부유)과 샤오캉(小康)사회로의 진입이 중국정부가 지향하는 길이다. 즉, 모든 인민이 함께 부유하게 잘살자는 캠페인이다. 시대의 조류가 변한 것이다.

40여 년 전 등소평은 모든 인민들이 못살았기에 선부론(先富論)을 부르짖었다. 즉, 능력 있는 자는 먼저 부자가 되어야 한다는 것이었다. 쥐(부)잡는데 검은 고양이, 흰 고양이를 따질 필요가 없다는 것이었다.

그러나 오늘날 시진핑의 지론은 변했다. 아무 쥐나 마구잡이로 잡아서는 안 된다는 것이다. 다 함께 쥐를 잡아 함께 잘살자는 지론이다. 그만큼 지금 중국사회는 빈부격차가 심해졌기 때문이다. 국민소득면을 보더라도 숫자상엔 만 달러밖에 되지 않지만 그 속을 들여다보면 만 불 소득이 사실인지 의심이 갈 정도다. 한국인의 국민소득(GDP)을 능가하는 소득자가 8천만 명이 넘는다. 한국의 최고부자의 재산을 능가하는 부자가 60명을 넘고 있다. 이 부류에 속하는 중국인들이 해외로 나가 명품 싹쓸이와 부동산 쇼핑을 한다.

국내에서 그들의 소비행태 또한 해외토픽뉴스로 자주 올라오곤 한다. 우선 그들은 식도락가답게 세계의 산해진미를 거의 소비하고 있다. 일본에서 가끔 나오는 뉴스로서 일본인들이 가장 좋아하는 마구로(참치)와 대게는 해외집산지에서 중국인들이 아주 비싼 가격에 싹쓸이 해가기 때문에 그들의 국내가격으로는 입찰에 응할 수가 없다고 아우성들이다. 참고로 오늘날 변해버린 중국의 부자판도를 들여다보면 최고

부자인 종산산(자산 71조원)은 중국의 생수업체 농푸산취안(農夫山泉)의 회장이다. 그는 생수를 팔아 중국 최고의 부자가 되었다. 그다음 2위의 부자로는 Tik Tok을 개발한 38세의 젊은 장이밍(張一鳴, 62조원) 회장이다. 3위의 부자로는 정부의 전략산업인 2차전지의 제조업체인 CATL(宁德时代) 쩡위친(曾毓群 60조원) 회장이다.

이와 같이 2020년까지만 해도 중국내 1,2위 부호였던 마윈(알리바바)과 마화텅(텐센트), 왕씽(메이퇀), 황청(핀둬둬)과 같은 빅테크기업들은 정부의 압력으로 쪼그라든 대신 정부가 전략적으로 장려하는 분야 즉, 전기차용 2차전지업체(CATL)라든가 BYD, 니오(威來), 우링(五麥)같은 토종 전기차 메이커들, 그리고 샤오미(小米)같은 스마트폰 제조업체들은 거국적이고 전폭적인 정부의 지원하에 일취월장하고 있다.

이런 업종들은 한국과 경쟁이 심한 분야이다. 우리정부와 기업들은 조금이라도 방심했다가는 그들과의 경쟁에서 밀려나고 말 것이다. 끊임없는 기술개발과 수시로 변해가는 해외시장에 잘 대처해야한다

3

아날로그시대에서 디지털시대로
도약하지 못하는 일본

너무나 후진적인 행정

 이번 코로나에 대한 일본정부의 대응책을 보고서 일본은 결코 디지털 국가가 아닌 후진국이라는 사실을 전세계가 알게 되었다. 그들의 생활상을 보면 얼마나 전근대적인 아날로그시대에 살고 있는지 알 수 있다.

 한국과 같은 디지털정부를 만들어 보겠다고 일본정부는 2016년부터 거국적으로 국민들에게 My number제도를 시행함으로써 국민 각자에게 고유넘버(주민등록번호)를 부여했으나 국민들로부터 크나큰 반발에 부딪쳐 오늘날까지 활성화되지 못하고 있다.

 많은 국민이 "나에게 번호를 붙이지 마라. 개인의 프라이버시가 지켜지지 않는 그런 제도는 따르지 않겠다"는 주장들이다. 그래서 일본정부의 디지털화는 아직도 요원한 상태다.

 그나마 My number가 들어간 전자주민등록증 card를 발급받은 국민은 아직도 30% 정도밖에 되지 않는다. 이 30%의 사람들은 한국과 마찬가지로 어디에서나 주민등록증을 쉽게 발급받을 수 있으나 나머지 70%의 국민들은 주민등록지까지 직접 가서 발급받아야 한다. 얼마나 불편하고 비경제적인가!

일본은 진작부터 지방자치제도가 활성화되어 각 지방마다 독자의 전산시스템을 사용하였기에 각 지방을 아우르는 통일된 디지털 시스템을 구축하기가 매우 힘들다고 한다. 그래서 아직도 모든 지방행정관서에선 수기로 된 서류를 FAX로 중앙으로 보내고 있다.

지난 4월 30일 한국에서 코로나 지원금 지급이 결정되었을 때 일본도 비슷한 시기(4월 말)에 지급을 결정했다. 그 지급속도를 미국의 블룸버그통신의 발표에 의하면 5월 19일 현재 한국은 80%를 지급했는데 반해 일본은 겨우 19%밖에 지급하지 못했다. 이것 또한 주민등록체제가 전혀 디지털화되지 않았기 때문이다. 필자도 이 돈을 받는데 두 달 반이나 걸렸다.

병원에 갈 때는 반드시 의료보험증을 지참해야 한다. 그래야만 의료보험 혜택을 받을 수 있다. 주민등록번호만 대면 만사가 다 통하는 한국이 얼마나 편리한지 모른다. 최근 많은 일본공무원들이 한국의 디지털행정시스템을 배우기 위해 한국의 지방행정기관을 방문하고 있다고 한다.

디지털 한국과 아날로그 일본

　3년 전의 일로 기억된다. 서울에서 부산으로 갈 일이 있어 역에서 KTX 표를 산 후 개찰구를 찾지 못해 그대로 열차 타는 데까지 들어가 버렸다. 표 개찰을 하지 않아 찜찜하여 멀리 있는 역무원한테 가서 이실직고하니, "아, 개찰 같은 거 필요 없습니다. 제자리에 앉아계시면 자동적으로 확인이 됩니다."

　일본의 신칸센은 세계적으로 인정받는 훌륭한 열차다. 최신형 스타일에 깨끗하고 빠르고 정확하다. 하지만 그들은 여전히 입구에 최첨단의 개찰기를 비치해 놓고 모든 승객은 승차권을 통과시켜야만 승차가 가능하다. '이들도 혹시 개찰구를 없애는 것을 검토는 해봤을까.' 아니다. 그들은 없애는 혁신은 못하고 고가의 최첨단 개찰기를 개발하는 데 만족하고 있다.

　서울의 지하철은 표 한 장으로 몇 번을 갈아타도 되지만 도쿄의 지하철은 그렇지가 않다. 환승을 할 때 다시 표를 사야 되는 곳이 너무 많다. 이 또한 각 지하철회사들이 디지털정산 시스템을 깔지 않았기 때문이다.

일본의 공항이나 기차역에는 아직도 시각표가 종이에 인쇄되어 눈에 잘 띄는 곳에 비치해 놓았다. 물론 일본인들은 이를 항상 지참하고 다닌다. 한국에서는 보기 드문 현상이다. 거의 모두가 자기의 스마트폰으로 검색하기 때문에 필요 없는 존재가 된 지 오래다. 그러나 일본인들은 이 종이 인쇄물을 보고 확인하는 사람이 많다.

우선 그들은 인감도장 제도와 현금거래 그리고 FAX를 생활에서 떨구어 내지 못한다. 일본에 정착하려면 우선 주민신고와 함께 인감등록을 빨리 해야 한다. 인감증이 없으면 은행거래도 차량구입도 주차증명서 발급도 아무것도 할 수 없다. 모든 관공서와 은행이 인감증명을 요구하기 때문이다.

수백 년을 내려온 인감제도를 일본인들은 버리지 못하고 있다. 상대방의 인감증명을 보지 않고선 불안해서 아무 거래도 할 수 없는 것 같다. 일본은 슈퍼마켓 어디에나 한쪽 구석에 3천 개도 넘는 그들의 주요 성씨 도장을 팔고 있다.

모든 서류에 인감도장 또는 막도장(認め印)을 찍어야만 계약서 또는 문서로서 유효하다.

2019년 아베수상은 정보통신기술(IT)장관에 다케모토 나오카즈(竹本直一)를 임명했다. 1940년생 자민당의원으로 IT나 정보통신과는 전혀 인연이 없는 컴맹이었다. 취임 기자회견에서 USB에 관해 묻는 기자의 질문에 "뭔지는 잘 모르지만 컴퓨터에 끼우는 것 아니냐. 나는 사무실에서 직원들이 컴퓨터 작업을 다해주기 때문에 컴퓨터 쓸 일이 없었다."

정보통신 장관인 그의 인터뷰를 듣고 일본이 왜 디지털화를 못 하는지 짐작할 수 있었다. 더구나 그는 당시 전일본인장(도장)업협회(全日本印章業協会)의 회장도 겸임하고 있었다. 도장문화를 없애고 IT분야를 강화하고 디지털사회를 만들어야 할 정보통신장관의 자리에 업무와는 전혀 인연이 없는 컴맹을 앉히는 일본 정치 형태, 파벌정치로 인한 갈라먹기식 결과다.

현찰거래 관습에서 벗어나지 못하는 일본인

 십수 년 전부터 정부에서는 크레딧카드 보급을 실행했으나 국민에게서 외면받고 있다. 카드 같은 건 불안하고 신용할 수도 없고 오로지 현금, 웬만한 부동산 거래에도 현금이 지불된다. 은행의 수표도 잘 사용하지 않는다. 웬만한 술집, 식당 또한 카드결제 또는 전자결제를 거절하는 업소가 너무 많다. 최근 세계은행과 IMF가 조사한 바에 의하면 한국은 현찰 결제가 14%인 데 반해 일본은 82%다.
 뿐만 아니라 동 발표에 의하면 최근 세계 주요 27개국의 스마트폰 사용률 현황을 보면 선진국들의 평균 76%가 스마트폰을 사용하는 데 반해 한국은 95%에 가까운 국민이 사용, 세계 1위이다. 그 다음이 이스라엘로 88%, 일본은 고작 66%만이 사용하고 있다. 새것에의 도전을 꺼리는 일본인들의 특성이 여실히 드러나고 있다.
 가끔 한국에서 찾아온 손님들이 계산은 할 테니 술집을

안내해 달라는 경우가 있는데 이럴 때는 대체로 내 주머니에서 현찰이 나가야 한다. 카드는 받지 않고 그 손님이 가진 건 달랑 카드 몇 장밖에 없으니까. 이렇게 현금거래만 선호하고 대체결제수단이 없다 보니 모든 사람이 현찰을 두둑이 가지고 다녀야 한다. 그래서 해외에선 일본인만 보면 강도의 제1대상이 되고….

현찰을 너무 사용하다 보면 화폐의 수명 또한 짧아진다. 한국의 지폐는 대체로 10~12년 사용하는데, 일본 화폐는 4~5년을 못 넘기고 폐장시킨다고 한다. 연간 신화폐 발행비용이 어마어마하리라.

도장문화와 FAX를 버리지 못하는 일본인

　그리고 또 한 가지 아날로그 구태에서 벗어나지 못하는 것으로 FAX 사용 관습이 있다. 요즘 한국이나 중국에선 팩스로 소통하는 경우가 별로 없는 것으로 아는데 일본인들은 팩스 없이는 업무수행이 힘들다. 모든 관공서 간의 업무전달이 팩스로 이루어진다. 팩스가 제일 안전한 통신 수단이라고 생각한다.

　요즘 매일 발표하는 코로나 현황표 역시 각 시읍면사무소에서 매일 그 현황을 팩스로 중앙센터로 보고한다니 그에 따르는 시간낭비, 인력낭비가 얼마나 클까.

　정부는 팩스와 인감도장이 비효율적이니 다른 효율적인 수단으로 바꾸자는 캠페인을 자주 했으나 그게 어려운 듯, 기껏 효율적인 수단을 찾는다는 게 자동으로 도장을 찍는 로봇 발명이라든가 팩스기에 직접 글을 써 그대로 송신할 수 있는 기능을 추가한 정도다.

이렇게 일본인들은 인감도장, 팩스라는 프레임에 갇혀 버려 이를 부수고 다시 짓는다는 획기적인 발상이 나오기가 어렵다. 이게 그들이 자랑하는 장인정신의 연장선이 아닐까.

아무리 뒤쳐지고 전근대적인 사회이지만 모두 그러려니 하면서 참고 기다리는 게 일본인이다. 이렇게 오랫동안 발상의 전환 없이 구습에 젖어 참아가면서 살아온 그들이기에 생활의 디지털화가 너무 어려운 모양이다.

그들에겐 스스로가 만든 SNS 하나 없다. 일본인 거의가 사용한다는 LINE 역시 한국 NAVER가 개발한 것을 그들이 쓰고 있을 뿐이다. 최근 일본 소프트뱅크의 손정의 회장이 네이버의 LINE과 소프트뱅크의 야후재팬의 경영통합 계획을 발표하여 IT업계의 큰 주목을 받고 있다. 그는 LINE과 야후재팬을 통합함으로써 미국의 GAFAM이나 중국의 BATH와 맞설 수 있는 글로벌 플랫폼 기업을 만들겠다는 포부다.

정부도 자기들이 외국 선진국에 비해 얼마나 디지털화가 뒤떨어져 있는지를 잘 알기에 작년 스가총리가 취임하자마자 디지털庁을 설립하겠다고 발표했다. 과연 현대의 디지털사회를 따라잡을 수 있을지 미지수다.

4

일본 젊은이들의 현주소

일본을 일군 건 그들의 조상들

　요즘 일본의 젊은이들을 보면 일본의 장래가 어떻게 될지 무척 궁금하다. 필자가 20/30대 때(70~80년대)의 일본 젊은이들과 지금의 젊은이들은 너무나 다르다. 일본을 번영시킨 건 그들의 아버지 또는 할아버지들이다. 오늘날의 일본 젊은이들은 과거 그들의 조상들이 피땀 흘려 일궈놓은 富를 갉아먹고만 있다. 일본이 지금처럼 가다가는 언젠가는 그 축적한 富도 바닥이 드러나 일본은 2류 국가로 전락할 게 뻔하다.

　80/90년대 당시의 일본인들은 정말 열심히 일하고 도전했다. 그리고 그에 대한 대가를 충분히 받는 그들을 보고 한없이 부러워한 적이 있었다.

도전정신을 잃고 사는 일본 젊은이들

❧

그러나 오늘날의 일본은 경쟁 없이도 살아갈 수 있는 사회, 특별히 취업 공부를 하지 않아도 고졸이건 대졸이건 생활할 수 있는 일자리는 쉽게 찾을 수 있다 보니 지금의 젊은이들은 너무나 소극적이고 도전정신이 전혀 없다. 능력도 실력도 일할 의지도 없고 스펙을 쌓을 필요도 없으며 꿈 또한 없다.

이런 젊은이들을 회사에서 일을 시키면 답답하기 짝이 없다. 계산기가 없으면 간단한 셈도 못 하고 알파벳 발음도 제대로 못 하는 대졸생이 수두룩하다. 흔히 대졸이라는 취업 지원자들을 인터뷰하다 보면 한숨이 절로 나온다.

이런 아이들이 치열한 경쟁사회에서 살아남은 한국의 젊은이, 실력과 스펙으로 다져진 한국의 젊은이와 경쟁한다면 과연 어떻게 될까. 불을 보듯 뻔한 일이다. 한국의 젊은이들이 공무원이 되고 싶어 한다고 많은 비난을 받지만 일본 젊은이들은 아예 경쟁이 두려워 응시조차 하지 않을 것이다.

부모가 부자라면 그저 캥거루족이 되어 부모에 얹혀살고 아니면 그날그날 프리타로 살아가길 원한다. 설사 취업을 했더라도 주어진 환경에서 주어진 일만 루틴하게 하길 좋아한다. 만약 해외근무 발령이 난다면 나가지 않으려고 발버둥을 친다.

낯설고 말도 안 통하는 외국까지 가서 모험하기 싫다는 얘기다. 국내에서 언어장벽 없이 프리타로 살아도 좋아하는 일하면서 얼마든지 안정된 생활을 할 수 있기 때문이다.

도대체 자기발전이나 개척정신 같은 건 찾아볼 수가 없다. 마인드가 그러하니 해외유학 같은 건 아예 생각지도 않는다. 유학을 가겠다고만 하면 정부에서 막대한 지원을 해주는데도 안중에도 없다. 최근 미국 내 해외유학생 비율을 보면 잘 알 수 있다. 2019년 현재 미국 내 해외유학생수 중 중국이 1위, 다음이 인도, 3위가 한국(5만여 명)인데 반해 일본은 겨우 1만 8천 명이다. 이것만 보더라도 그들에게는 미래지향적인 자기발전을 위한 도전정신이라고는 전혀 찾아볼 수가 없다.

자식의 유학길에 처자식을 해외로 보내고 홀로 사는 한국의 기러기 아빠들을 그들은 도저히 이해하지 못한다.

초식남이 되어 버린 일본의 젊은이들

한때 일본에선 '초식남/육식녀'라는 단어가 유행한 적이 있었다. 초식남이란 초식만 하며 살아가는 초식동물처럼 자라온 남자, 양같이 온순하고 상냥하며 술은 별로 마시지 않고 연애는 회피하며, 남과 다투기를 싫어하는 20~30대의 남자를 가리킨다. 그들의 특징은 여성과 사귀는 것은 물론이고 대인관계에서도 소극적이며, 모든 면에서 무기력하고 야망도 별로 없고 심지어는 자신이 남자라고 의식하지 않는 부류들이다.

2010년경의 일로 기억된다. 일요일 아침 어느 TV프로그램의 현장 카메라가 LOVE HOTEL을 기습하는 것을 본 적이 있다. 십여 명의 젊은 남녀커플이 로비에서 빈방이 나길 기다리고 있는 모습들을 카메라로 비추었으나 어느 누구도 피하지 않고 떳떳하게 마이크 앞에서 인터뷰하는 모습이 인상적이었다.

"옆에 있는 분은 여자친구냐?"

"그렇다!"

"무슨 일로 여기서 기다리냐?"

"여기 호텔의 룸이 놀이시설들이 좋아서 가끔 오는데 오늘따라 사람이 너무 많아 방이 빌 때까지 기다리는 중이다."

"룸 안에는 어떤 시설들이 있길래 좋다고 그러냐?"

"우선 게임기기가 최신형들이고 마작이나 카드게임도 할 수 있도록 비치돼 있어 놀기에 아주 좋다."

"룸에서 여자친구와 같이 게임밖에 안 하느냐? 가령… 섹스 같은 건 하지 않냐?"

"그런 건 해본 적이 없다. 정해진 시간에 게임하기도 바쁘니까."

이 인터뷰를 보고 '아, 조물주가 일본 젊은이들은 암수를 못 느끼는 중성으로 만들었구나'라고 생각했다.

일본이 패전 이후 자기들 스스로가 젊은이들을 세대에 따라 구분해 놓은 명칭을 보면 재미있다.

- **버블 세대** : 대체로 50세 이후로 일본의 버블황금기를 겪어온 세대를 말하며 혐한 활동을 제일 많이 하는 세대다.

- **LOST 세대** : 버블이 꺼진 후 사회에 발을 들여 놓은 세대로 추락해 가는 자국 현실을 피부로 느껴 온 세대들

- **유토리 세대** : 한때 정부가 공부에 시달리는 학생들을 구제하고 전인교육을 시킨다는 목적으로 교육제도를 완화, 공부에만 매달리지 않는, 여유 있는 교육을 장려한 결과, 실력이 한참 떨어지는 세대를 양산한 적이 있는데 이때의 세대들. 기업에서 채용을 기피하는 현상이 있다. 이 교육제도는 2011년 폐지되었다.

- **사토리 세대** : 다음 페이지에서 설명

K-pop과 K-food를 좋아하는 사토리 세대들

 오늘날의 일본 젊은이들을 사토리 세대(悟り世代)라고 부른다. 뜻 그대로 모든 걸 깨닫고 체념한다는 얘기다. 한 번도 국가의 발전상을 보지 못하고 불황기에 정체된 사회에서 자란 세대들이기에 앞으로도 지금과 다르지 않을 거라 생각하기에 희망도 의욕도 갖지 않고 체념하고 살아간다.
 어쩔 수 없이 모든 욕심(물욕·색욕·식욕·소유욕·출세욕 등)에서 해탈한 세대들이기에 그들은 연애에 관심이 없으며 여행을 즐기지 않고 소비에 무관심하므로 브랜드엔 일절 관심을 두지 않고 값싸고 질 좋은 물건만 찾는다. 그리고 혼자 있기를 좋아하며 그들은 남과 사교하는 걸 싫어한다.
 반면 인터넷에 관한한 native이므로 정보가 풍부하며 자기가 맡은 일은 빈틈없이 잘하지만 주위의 일엔 철저한 방관주의자들이다.
 이들은 지금의 번영하는 한국을 보면서 자랐기에 한국에

대한 호감을 가지고 있다. 기성세대들과는 달리 한국을 보는 눈이 수평적이다. 그들 중에는 한국이 일본보다 더 선진국이라고 생각하는 젊은이가 적지 않다. 그들은 K-food를 좋아하며 K-pop에 열광한다.

피폐화되어 가는 일본의 젊은이들

❧

경제성장을 바라볼 수 없는 일본사회에서 1997년경부터 취직빙하기를 거쳐와 요즘은 일자리는 있으나 형편없이 값싼 계약직이 많다. 그들은 "그 정도까지 돈을 벌지 못해도 최저생활이 가능하다면 그것으로 행복하다"고 생각하는, 이른바 상향지향성이 전혀 없이 현상황에 만족하는 보수적인 젊은이가 늘어나고 있다.

이런 계약직 일자리도 구하지 못한 젊은이들은 프리-타(Free+Arbeiter)로서 활동하거나 아니면 니-타(직업도 안 가지고 아르바이트도 안 하는 사람)로서 생활하게 된다. 그도 아니면 아예 집콕하며 밖엔 나가지 않고 방에서만 사는 히키코모리로 전락하게 된다.

몇 해 전 필자가 살던 아파트에 히키코모리 생활을 하던 60대의 한 일본인 남자를 알게 되었다. 그는 결혼도 해본 적이 없으며 30대부터 자기 아파트에서 수십 년째 히키코모리 생활을 하고 있었다. 30대 중반에 회사에서 정리해고를 당한 뒤 구직 때문에 여기저기 뛰어다녔으나 신통치 않았고 수입도 거의 없이 장기간을 버티며 살았다. 그러다 근년에는 쥐꼬리만 한 연금(월 7만 5천 엔)만으로 살아가야 하기에 모든 걸 줄이고 말 그대로 축소지향의 생활을 한다고 했다. 두 달에 한 번 나오는 연금 받는 날이면 먼저 쌀과 라면 그리고 통조림 등 몇 가지 반찬부터 사고 두 달 동안 방에서 혼자 마실 소주나 정종도 사고….

이렇게 구입하다 보면 받은 연금의 반이 날아가 버리니 허리띠를 졸라맬 수밖에 없다. 이런 생활을 몇 십 년 겪다보니 이젠 절약하는데 도가 트였다고 한다. 어디 슈퍼마켓의 쌀값은 얼마이고 꽁치 통조림은 어디가 싸다는 걸 줄줄이 꿰고 있다. 매일 구입한 생필품 값을 그래프를 그려가면서 분석하는 게 또 하나의 취미였다.

몇 년 전인가 그의 방에 초대받아 가본 적이 있었다. 그의 크지 않은 방 자체가 한 세계의 축소판이었다. 햇빛을 싫어하기에 사방이 두꺼운 커튼으로 둘러쳐진 깜깜한 방은 언제나 전등이 켜져 있고 그 속에 자그마한 세계가 들어 있었다. 건강을 위한 자전거, 컴퓨터, 프린트기, 초대형 오디오, 정밀 카메라, 알지도 못할 전자 제품 등등. 알고 보니 그는 사진

마니아였다. 그리고 규슈의 유수대학의 디자인학과 출신이라는 것도 알게 되었다. TV에 등장하는 명장면들을 촬영하여 패널이나 재킷을 만드는 게 그의 유일한 취미였다.

혹시 우리 회사의 일을 맡겨 볼까 하는 생각에 물어 봤다. "XX상, 무료한 시간이 많을 것 같은데 생활을 위해서도 아르바이트를 몇 시간씩만이라도 해보면 어떠냐?" 그러나 그의 대답은 의외였다.

"나는 지금 내 취미활동하는 데도 바쁘다. 아르바이트해서 돈 몇만 엔 받으려고 시간을 허비하고 싶지 않다. 한상 눈에는 어떻게 보일지 몰라도 나는 지금 나의 주어진 환경에 잘 적용하면서 잘 지내고 있지 않느냐. 더 이상의 욕심도 없고 여기에 맞춰 살아갈 뿐이다."

피폐해진 사회에서 일으키는 끔찍한 범죄

최저생활에 만족하는 일본의 젊은이들, 매일 350엔짜리 돈부리(덮밥)만 사 먹으면서 한손엔 스마트폰을 잡고 자기가 좋아하는 게임을 하면서 살아갈 수 있다는데 큰 만족감을 느끼며 살아간다. 격차사회, 침체만 계속되어 온 사회, 겨우겨우 먹고 살아갈 정도의 수입밖에 얻지 못하는 사회에서도 75%의 젊은이들은 현실에 만족하며 지금 이 순간의 생활이 유지되기를 바라고 있다. 그렇게 그들은 보수화되고 피폐해지고 있다.

그러나 그들의 내면에는 발산할 곳을 찾지 못한 노여움을 안고 있다. 2008년 17명의 사상자를 낸 도쿄의 아키하바라에서 벌어진 트럭운전자의 묻지마 살인사건, 2019년 36명의 인명을 앗아간 쿄토 애니메이션 건물의 방화, 살인사건과 같은 동기와 목적을 이해할 수 없는 젊은이 특유의 끔찍한 사건들이 일어나고 있다.

2018년 11~12월에 일본재단이 18~22세 남녀 3,126명을 대상으로 조사한 바에 의하면 30%가 '자살하고 싶다'고 생각하는 것으로 나타났다. 3할의 젊은이들이 인생을 절망적으로 보고 있다는 얘기다.

젊은 작가 니시무라 히로유키(西村博之)는 "일본사회가 이런 식으로 간다면 10년 이내에 일본의 젊은이가 폭동을 일으킬 가능성이 많다. 데모라기보다는 돌발적으로 일으키는 폭발이 증가할 것으로 예측된다. 심히 걱정되는 일이다."라고 그의 저서 '이대로라면 일본엔 미래가 없다'에서 토로한 바가 있다.

외국에까지 나가 빈둥거리며 살아가는 일본 젊은이들

국내 젊은이들의 행태뿐만이 아니다. 버블이 붕괴된 90년대 이후 자칭 자격미달(취직도 못 하고 현실적응이 어려운 젊은이가 스스로 칭하는 말)의 젊은이들이 하는 일 없이 동남아시아 각 도시(주로 방콕)로 많이 빠져나갔다. 이들을 소토코모리(外隱 외국에서 하는 일 없이 빈둥빈둥 생활하는 사람)라고 하는데 점차 늘어나는 추세에 사회문제가 된 적이 있었다.

10여 년 전 일본의 작가 시모가와 유지(67, 下河 祐治)는 "일본에서 뛰어내리는 젊은이들"이라는 저서에서 방콕에서의 소토코모리하는 젊은이들을 리얼하게 설명하고 있다. "그들은 자국 일본보다 모든 면에서 열악한 환경이지만 만족하고 있다. 우선 생활비가 많이 안 들어서 살 만하다고, 도쿄에는 두 번 다시 가고 싶지 않다고 하며 현실에 만족한다. 그리고 여기라면 노후를 맡길 수 있는 곳이라고 생각하며 이곳에 파묻힐 각오로 살아간다. 그들은 일본에 돌아가는 것을 극도로 두려워 한다"고.

자기개발의 의지도 없고 도전정신이라고는 찾아볼 수도 없는 오늘의 일본 젊은이들!

모든 욕구를 체념하고 성욕조차 잃어버린 채 살아가는 일본의 젊은이들!

태어나서부터 나라가 발전하는 것을 본 적도 없는 세대!

10년 후나 20년 후의 자기 나라가 지금과 똑같을 것이라고 아예 체념하고 사는 세대!

목적달성을 위한 인내심이 없어 도피해 버리는 세대!

성실함의 중요성을 백짓장같이 내던져 버리는 일본의 젊은이들!

향후 10~20년 후에는 이들이 일본을 짊어지고 나갈 것이다.

5

황폐해 가는 일본인 의식

역전 당하는 일본, 과거에 사로잡힌 일본인

1982년 '일본은 왜 성공했는가'를 집필한 모리시마 미치오 (森嶋通夫) 교수(작고)는 2000년 다시 '일본은 왜 몰락하는가'를 집필하여 일본사회를 통렬히 질책한 바 있었다.

그는 이 책에서 '일본사회가 이대로 나간다면 2050년을 전후하여 침몰할 것이다.'라고 예언하였다. 그는 시대적 변화와 주변국에 대응하는 일본의 모습을 보며 침몰의 원인이 경제가 아닌 정치적 무능이라고 주장했다. 일본의 경제가 G-7의 멤버가 될 정도로 앞선 경제대국인데도 정치가 엉망인 탓에 2050년을 전후한 일본의 미래는 절망적이다.

일본이 이와 같은 최악의 사태를 피하고 계속 성장할 수 있는 동력을 얻기 위해선 일본이 아시아권에 우월감을 가지고 있는 황폐한 정신을 버리고 아시아 국가들과 긴밀한 관계설정을 해야 하는데 일본 지도층들은 그럴 필요성을 느끼지 못하거나 인식 부족으로 인한 무능으로 계속 주변국에 대한 오만과 갈등, 멸시와 혐오활동을 벌여 스스로 몰락의 길로 가고 있다는 설명이다.

그리고 그는 과거사에 대한 진솔한 반성을 거부하는 우경화 경향이야말로 일본의 발전에 가장 심각한 장애물이 될 것이라고도 주장하며, 분노할 줄 모르는 일본인의 국민성 또한 몰락의 일부 요인이 된다고도 했다. 국민들이 장래가 보이지 않는 사회에 대해 분노할 줄 알아야 하는데 일본 국민들은 무기력하고 노여워할 줄 모르기 때문에 그러지를 못 한다는 주장이다.

요즈음 벌어지는 일본의 행위들을 보면 모리시마 교수의 예측은 빗나가지 않는다.

예로 아베 전총리가 한국을 무시하는 오만함으로 반도체 소재의 수출제한을 해 제 발등을 찍는 어리석은 짓을 했는데도 당사자 기업들을 제외한 어느 누구도 정부에 분노를 터뜨리지 않았다.

도쿄 올림픽 개최를 국민 80%가 반대했건만 무기력하고 분노할 줄 모르는 일본국민들의 반대는 무용지물이 되고 결국 개최되었다. 그로 인해 지금 일본사회는 매일 2만 5천 명의 코로나19 확진자가 나오는 초비상사태가 되어 의료시스템이 붕괴되고 있다.

도쿄만 해도 하루 4~5천 명의 확진자가 발생하고 있다. 그러나 문제는 검사 시스템이다. 도쿄는 매일 2만 5천 명을 MAXIMUM으로 검사를 벌이고 있다. 이 4~5천 명의 확진자는 2만 5천 명 내외의 검사에서 나오는 숫자이니 감염률이 20%가 넘는다는데 큰 문제가 있다.

황폐화 속에서의 앙갚음

역사적으로 볼 때 일본은 정신세계가 황폐화될수록, 사회 경제가 침체, 몰락할수록 인근 제3자에게 해코지하는 역사를 되풀이해 왔다. 지난해 7월 일본의 작가 무라카미 하루키는 신문과의 인터뷰에서 확장일로의 코로나19를 언급하면서 '이러다간 다시 관동대지진 때처럼 조선인학살 같은 사건을 일으킬 가능성이 있다'고 걱정한 적이 있다(1923년 9월 1일 관동(동경 일대)에 대지진이 일어났을 당시 '조선인이 우물에 독을 넣었다, 방화/약탈을 자행하고 있다'고 유언비어를 퍼뜨려 조선인 6천여 명이 일본인의 죽창에 찔려 죽은 학살사건).

유니클로의 야나이 회장은 2019년 10월 신문사와의 인터뷰에서 "요즘의 일본인, 민도가 많이 떨어졌다. 이대로 간다면 서서히 끓는 물 속의 개구리같이 서서히 침몰되고 말 것이다. '일본이 최고'라는 말만 들으면 항상 구역질이 난다. 뭐가 최고란 말인가? 과거 최고였다면 모르지만…."

일본인들은 지금 불안하다. 아니 몹시 아프다고 하는 게 정확하다. 한국과 중국 때문에, 정신세계가 혼란하기 때문에 한국과 중국을 더욱 모략하고 충동질하고 있다.

중국은 경제적으로 일본을 제치고 G2가 되었다. 중국의 증대된 국방력 때문에 그들은 자기 영토(센카쿠 열도)지키기에도 힘겨운 지경이다.

한국은 또 어떤가?

지난 2018년 2월 27일 일본의 〈다이아몬드〉라는 경제지에 "한국에 1인당 GDP(PPP base)와 노동생산성에서 추월당한 일본의 장래"라는 쇼킹한 뉴스가 실려 한동안 일본인들을 멍하게 만든 적이 있었다. 이것은 별것도 아닌 1인당 구매력 기준 소득의 비교다. 만약 구매력 기준이 아닌 명목 GDP에서도 한국에 뒤지면 어떤 쇼크를 일으킬까? 그들의 쇼크를 볼 날이 멀지 않을 것 같다.

도저히 일어나서는 안 될 일이라고 야단법석을 떨게 틀림없다. 한국이 앞선다는 것은 그들에겐 상상조차 할 수 없는 일이다. 한국과 일본은 서로가 가위, 바위, 보의 싸움에서조차 져서는 안 된다는 강박관념이 있기 때문이다.

≪한일역전≫이란 책을 낸 이명찬 고려대 교수는 책에서 '한일역전으로 정신적 혼란상태를 겪고 있는 일본인들이

전과 달리 심각한 혐한, 반한행동을 한다. 그리고 일본에서 혐한서적이 많이 나오는 이유는 한일 간의 힘의 균형이 과거와는 달리 크게 변했음을 스스로 자각한 결과'라고 했다.

갑과 을의 관계에서 갑과 갑의 관계로

❦

오늘날 한일 양국이 과거에 비해 최악의 길로 접어들게 된 원인은 과거 양국의 수직적인 갑과 을의 관계에서 최근 비슷해진 국력으로 서로 경쟁적인 수평관계로 변했기 때문이라고 분석하는 학자가 많다.

1965년 한일정상화협정(한일협정)이 체결될 때 한국과 일본의 국력은 엄청난 차이가 났다. 당시 양국의 경제력 차이(GDP)는 일본이 한국보다 30배가 넘었다. 이 차이가 근래에 와선 3배 정도로 좁혀졌으며 일인당 GDP 역시 그 당시 일본은 $900인데 반해 한국은 $108이었던 게 이제는 한국이 일본 GDP의 80%까지 따라붙었다. 그동안 한국이 얼마나 분발했으며 일본은 얼마나 침체했는지를 알 수 있다.

이렇게 뒤처진 한국과 회담을 했던 1965년 그 당시 그들은 얼마나 우리를 내려다보며 측은지심으로 회담에 임했을까. 그렇게 한국을 생각하던 그때 생각이 지금까지도 그들의 뇌리에 남아 있다. 점점 몸집을 부풀리며 그들에게 다가오는 보잘것없던 한국이라는 괴물(?) 때문에 그들의 정신이 피폐해지고 날카로워지고 있다. 신장된 한국의 힘은 일본에게 열등감을 안기고 있다.

현역 자민당 의원인 마쯔가와 루이(松川るい)는 어느 TV좌담회에서 "오늘날 한국의 국력은 과거 한일협정(1965년) 당시와 비교한다면 엄청나게 신장되었다. 경제 역시 엄청난 발전을 했는데 이제 일본은 그들이 지금까지 해왔던 억지나 아마에(응석)를 받아줄 필요가 없다. 언제까지나 양보만 할 수는 없지 않은가. 그들은 이제 엄청 잘사는 나라가 되었다. 국력이 커지니 지금까지 우리한테 못했던 별난 요구를 하지 않는가"라고 역설했다.

1910년 한일합방 때나 1965년의 한일협정 때와 같이 연약하고 지질히도 못살았던 한국이 그들과 맞먹는 꼴을 그들은 도저히 볼 수 없기에 혐한, 반한행동을 하는 것이다. 혐한이라는 단어도 그들이 처음 사용했던 용어다. 반한이란 단어만으로는 부족했기에….

일본 내 북한전문가로 잘 알려진 도쿄국제대학의 이즈미 하지메(72, 伊豆見元) 교수는 "지금까지 일본은 한국에 관해서는 '오빠증후군(형님증후?)'이란 게 있어 동생이 '형, 이건 형이 양보해 줘!' 하면 대체로 양보하고 달래 왔는데 이젠 일본인들의 마음이 바뀌었다. 한국이 못살 때 일본이 돈도 주고(한일청구권 협정 때의 지급금), 공장도 지어주고, 기술도 줘서 오늘날 한국이 이렇게 발전했는데 한국은 일본의 노력을 무시하고 비판만 하고 국력이 커진 만큼 과거사문제에 대해서 좀 더 관용을 베풀어서 유연하게 나와야 할 텐데 전에 없이 더 강경하게 나온다고 생각하는 일본인이 늘어나고 있다. 그러기에 더욱 혐한감정이 발생하고 있다고 본다."라고 강연회에서 말한 적이 있다.

격화된 한일관계를 보는 일본 지식인들

❖

"한국은 2010년 11월 G20 서울정상회의 개최 이후 국력이 비약적으로 발전했다. 외교·국방·경제면에서 자신감을 갖게 되며 일본이라는 존재를 어느 정도 대등한 입장으로 다시 보게 되었다. 국력이 커진 만큼 그동안 하지 못하고 참아왔던 요구조건들이 강력한 목소리로 나오기 시작했다. 이를 보다 못한 일본인들에게서 격한 혐한활동이 터져 나오는 것"이라고 하는 주장이 대체로 일본 식자들이 가지고 있는 견해다.

여기 한국을 너무 잘 아는 일본의 철학자이면서 한국학자인 교토대학의 오오구라 기죠(62, 大蔵 紀蔵) 교수가 쓴 칼럼을 소개한다.

"한일관계는 경제·역사·정치·문화 등 다방면에서 한국과 일본의 다중적이고 다층적인 관계의 총합체인데 정치와 같은 일부가 한일관계를 대표하는 것같이 되어 버렸다.

일부에 문제가 있다고 해서 상대와의 관계를 전면적으로 악화시키는 행태를 파괴하지 않으면 안 된다. 지금껏 상대와 귀중한 역사를 구축해 왔는데 그것을 직시하고 이해해 주는 용기가 없다는 게 문제다."라고 규정짓고서는 "한국에 대한 일본인들의 혐오감이 일본의 몰락을 앞당기고 있다"고 하면서 "지금의 한국을 절대 얕잡아 보아서는 안 된다. 한국은 과거 식민지 지배를 받은 국가 중 선진국이 된 최선두의 국가이며 19세기부터 20세기 전반에는 유럽, 미국 그리고 일본이 세계전쟁, 자연파괴, 식민지 지배 등과 같은 비행을 행함으로써 지구상 인간의 삶 자체를 근본적으로 바꾸었다.

이러한 저주받을 비행에 대항하는 세력 중 한국을 꼽을 수 있으며 특히 그들이 이처럼 발전한 데는 그들의 엄청난 희생과 노력이 있었다. 이젠 선진국으로서의 위치와 책임을 가지고 행동해야 할 그들에게는 한편으로는 과거 식민지화했던 국가에 대해 불만을 가진 피해자의 입장 또한 지우지 못하고 있다. 한국은 지금 이 사이에서 흔들리고 있다."

그러면서 그는 "일본이 절대로 한국을 이길 수 없는 분야가 있는데 그것은 '인재육성' 분야"라고 했다. "그러니까 한국을 지금처럼 대했다간 향후 인재부족으로 인한 황폐화로 일본은 철저히 몰락하게 될 것"이라며 "아베에게서 시작된 현재의 한일갈등을 봉합할 접점을 찾지 못하는 것은 양쪽이 똑같으며 서로가 피해를 볼 것이다. 특히 일본이 더 큰 피해를 입게 될 것이다. 일본은 21세기에 한국이라는 파트너를 잃고 한반도 전체를 적으로 만들어 버리면 철저히 몰락할 것으로 예측된다. 이는 무엇보다 일본이 실패하고 있는 차세대 인재육성 면에서 절실하게 느껴진다. 자국의 앞날을 위해 쉬지 않고 능력을 길러야 하는 일본의 대학생들은 한국에 비해 너무나 뒤떨어져 있다. 자기 자신을 국가와 사회, 그리고 세계와 함께하는 개념이 현재 일본의 젊은층에는 존재하지 않는다."고 그의 칼럼에서 주장하고 있다.

주저앉은 경제대국 일본

 한국의 경제가 짧은 시일에 비약적인 발전을 한 데는 한일협정 후 일정 기간 일본의 협조가 있었다는 건 부정할 수 없다. 그러나 그 후 30년 간 한국이 숨 가쁘게 뛰면서 경제발전을 하는 동안 그들은 무엇을 했던가? 30년의 기나긴 세월을 엎치락뒤치락하며 퇴보하는 세월만 보내지 않았던가?
 그들의 잃어버린 30년 동안 우리는 자력으로 노력하여 경제를 이만큼 발전시켰다. 우리 스스로는 '일본을 배우지 말자. 일본 따라 했다가는 우리도 잃어버린 30년이 되고 만다.'고 모두가 경계하면서….

 그리고 최근 들어 그들의 정신상태를 혼란시키는 사건은 한두 가지가 아니다.
 수년 전부터 일본의 국가 신용등급은 한국보다 낮게 매겨져 왔다. 근년에 와서 세계의 3대 신용평가사(MOODY'S, S&P,

FITCH)에게서 받은 그들의 성적표(평가서)는 항상 우리보다 두 단계나 낮다.

그들에겐 도저히 있을 수 없는, 일어나서도 안 될 일이 일어나고 있다. 여기서도 그들의 정신착란상태가 크다는 것을 알 수가 있다.

그래서 몇 년 전인가 그들은 신용평가사를 믿을 수 없으니 이런 평가사들을 평가하는 평가기관을 자기들이 만들겠다고 떠들던 때가 있었다, 정말 안하무인식 발언이다.

그들의 소득 또한 이 30년 동안 퇴보를 면치 못하고 있다. 1995년 세대소득의 중간치가 550만 엔이었으나 2017년에는 423만 엔으로 줄어들었다. 20여 년 동안 무려 130만 엔의 소득이 줄어들었다. 이는 기업들이 수익성이 좋은, 부가가치가 높은 신제품을 내놓지 못해 국가경쟁력이 저하되었다는 게 가장 큰 이유다.

제조업들의 노동생산성을 봐도 알 수 있다. 2000년까지는 OECD 가맹국 중 일본이 TOP이었으나 2005년엔 9위로 쳐지고 2010년엔 11위, 2014년엔 14위로 점점 퇴보하고 있다.

초창기 한류가 그들에게 끼친 영향

❦

그러면 문화면에서는 어떠했을까.

1998년 김대중 대통령과 일본 오부찌(大渕) 수상과의 대중문화 개방을 합의한 후 일본 문화의 한국 유입 못지않게 우리나라의 대일본 문화수출 또한 기대 이상으로 성과가 좋았다.

2002년 겨울연가(배용준, 최지우 주연)가 일본 NHK에서 처음 상영될 당시 일본 전역이 겨울연가(冬のソナタ) 얘기로 해가 뜨고 배용준 얘기로 해가 질 정도였다. 그해 10월 21일 겨울연가의 마지막회 방영 시 시청률이 21~24%였으니 얼마나 대단했는지 짐작이 가리라 본다.

당시 주인공 배용준이 일본에 입국할 때는 공항에 보통 3~4천 명의 패밀리(?)가 운집하곤 했다. 밀고 밀리다 쓰러져 부상당한 아주머니들이 속출했다. 부상으로 병원으로 실려 가면서도 '나 다친 건 아무런 상관없다. 혹시 욘사마가 다치지 않았는지 그게 걱정된다. 오늘 욘사마를 보게 되어 너무 행복하다'고 인터뷰하는 아주머니도 있었다.

한편의 드라마가 이렇게 사람을 세뇌시킬 수 있을까. 새롭게 문화침투의 무서움을 느꼈다.

그 후에 수많은 한국 드라마와 영화 그리고 음악이 일본에 소개되었다. 이루 헤아릴 수 없는 드라마가 일본인들을 울리고 웃겼다. 본격적인 한류문화의 등장이었다.

일본의 민주당 집권시절 한 각료가 기자에게 솔직히 털어놓는 말을 들은 적 있다. "집에 가면 한류 드라마 보는 게 유일한 취미다. 한국 드라마를 아직도 보지 않은 사람은 많을 줄 안다. 그러나 한국 드라마를 한 번만 보고 그만둔 사람은 없을 줄 안다. 이건 마약과 다를 게 없다. 요즘 내가 가장 좋아하는 여성 보컬그룹 '카라'가 해체된다고 하니 마음이 너무 허전하다."

그때까지만 해도 일본인들은 '아! 한국의 K-pop이 멋지구나! 드라마도 정말 재미있구나!'라며 감탄만 했지 오늘날 같이 반한, 혐한행동은 별로 하지 않고 한국문화를 즐기는 편이었다.

그러다가 싸이의 노래 '강남스타일'이 세계를 휩쓸고 유튜브 시청자 3억 뷰를 넘겼을 때 그들은 도저히 믿으려 하지 않았다. 한국이 유튜브 시청률을 조작했다고 억지를 부렸다. 당시 강남스타일이란 노래를 일본방송에서는 듣기 힘든 노래였다.

그러다가 한국영화 기생충이 아카데미상을 휩쓸고 BTS가

5. 황폐해 가는 일본인 의식

전세계를 누비고 다니며 K-pop의 이미지를 심고 있는 것을 보고 많은 쇼크를 받은 건 틀림없다. 정신적인 혼란상태에 놓이게 되었다. 일본에도 BTS와 비슷한 젊은 그룹이 무수히 많다.

그중에 top격인 아라시(嵐)라는 데뷔 20년이 넘는 5인조 그룹이 자기들도 빌보드 차트 1위를 하겠다는 각오로 7개월간 열심히 영어 훈련을 받고 미국에 진출했으나 그들의 노래(party starters)는 빌보드 300위 아래에서 헤어나지를 못하고 있다. 일설에 의하면 방송국에서 노래 삽입 시 발음 문제로 AI가 베트남 곡으로 인식하여 베트남 곡으로 소개되었다 한다.

코로나의 초기 대응에서 본 그들의 혼란상태

이런 것들만 가지고도 그들의 정신상태가 황폐화되기 충분했는데 설상가상 작년에 발생한 코로나19에 대한 대응에서도 한국에 비해 너무 뒤처지는 한심한 대응을 함으로써 자국민뿐만 아니라 세계의 지탄을 받았다

작년(2020) 2월 일본의 크루-즈선 DIAMOND PRINCESS가 승객·승무원 3,500명을 태운 채 요코하마에 도착했으나 선내에서 코로나 환자가 발생, 승객을 하선시키지 않고 몇날 며칠을 선상에서 검사를 함으로써 수많은 선상 감염자와 사망자가 속출했다. 배를 완전히 봉쇄함으로써 감염자 차단이라는 미즈기와 대책(水際作戰)을 세웠으나 대실패로 돌아갔다. 배 안에서의 감염조건만 용이하게 만들어 712명이라는 감염자와 13명의 사망자만 발생한 것이다.

그뿐만 아니라 검사 시 음성인 승객은 아무런 격리 없이 그대로 귀가시켜 가족, 지역사회의 감염자가 눈덩이처럼 불

어나 손쓰기 힘든 상황까지 발전했다.

형편없는 관리능력으로 세계에서 많은 비난을 받았다. 뿐만 아니다. PCR검사에 관한 그들의 코미디는 가히 일품이다.

올림픽이 불과 몇 달 앞인지라 아베총리는 환자수를 줄이기 위해 가능한 한 PCR검사를 늦추라는 주의였다. 물론 초창기에는 다량의 검사체제도 갖추지 못한 이유도 있었지만, 총리가 결정하면 관방장관, 후생노동성장관이 일치되어 시행했다.

일본엔 미국의 CDC나 한국의 질병관리센터 같은 기관이 없기 때문에 의료, 전염병과는 거리가 먼 정치관료들이 결정, 집행한다. 코로나에 정통한 의료진은 어디까지나 자문기관일 뿐 정치적인 결정을 따라야 한다. 의료진이 PCR검사를 하루속히 늘려야 된다고 아우성쳤으나 한동안은 공허한 메아리로 끝났다. 올림픽 때문에….

그때 크루-즈선 DIAMOND PRINCESS에 갇혀 있던 330명의 미국 승객들은 2대의 차터기로 돌아가긴 했으나 결국 44명이 감염된 채였다. 미국의 ABC방송을 위시하여 뉴욕타임즈 등에선 무지하고 한심한 일본의 대응에 대해 분통을 터트렸다.

이에 반해 우리는 어떠했는가. 초창기 중국인들의 입국을 제한, 차단하지 않았다거나 타이밍 맞춰 백신확보를 못한 점 등은 이 정권의 실책이었지만 그래도 일본의 방역에 비하면 그들보다 훨씬 앞선 선진국다운 방역이었다.

코로나19의 대유행이 올 때마다 검사수를 무한대로 늘이며 병상을 늘려나가는 한국의 차분한 대책을 보고 일본인들은 어떻게 생각했을까. 한수 아래인 한국의 성숙함을 보고 부러워하다 결국 시샘까지 하게 되었을 것이다.

6

혐한 행동의 실체

소설 파친코에서 묘사되는 혐한

❖

　일본에 체류하며 생활한 지 23년, 개인으로서 뿐만 아니라 회사를 이끌면서 받은 고초를 헤아리면 이루 말로 표현하기 힘들 정도다. 그러나 이런 것 때문에 일본에 온 걸 후회한다거나 비관해 본 적은 없었다.

　무엇보다 힘들고 괴로웠던 건 그들의 유형, 무형의 한국인(본인)에 대한 은근하고 보이지 않는 차별과 멸시였다. 그리고 TV에서 밥 먹듯 행해지는 혐한방송이었다 일본에서 태어나 자란 재일교포들이 얼마나 차디찬 일본인들의 모멸과 박해 속에서 살아왔는지를 느낄 수 있었다.

　일본인들과 거래를 하다 보면 따지고 싸워야 할 때가 있다. 그럴 때마다 그들의 마지막 내뱉는 한마디, "우리 일본사람들은 그렇게는 안 해!" 일본인이 뭐가 그렇게 대단하다고 생각하는 걸까, 정말 귀싸대기를 갈겨주고 싶은 한마디다.

　그리고 TV에서 밥 먹듯 행해지는 혐한방송을 보면 피가 거꾸로 솟는 것 같았다.

3년 전 '파친코'라는 소설을 써 미국에서 대히트시켰던 이민진(재미교포, 현재 미국 변호사 활동) 작가는 이 소설에서 "일본어가 아무리 능숙해도 조선인 특유의 억양은 결코 사라지지 않는다. 어떠한 일본인에게 다가가도 정중한 미소를 얻어낼 수 있는 외모지만 뭐라고 한마디만 하면 금방 조선인이란 게 탄로나 환대는 온데간데없이 사라지고 결국 그는 일본인한테는 교활하고 열악한 종족인 조센징에 불과하다."

열심히 일하여 아무리 돈을 많이 벌어도 조센징이란 낙인이 찍힌 종족, 과격하고 화를 잘 내고 걸핏하면 싸움질하는, 마늘 냄새와 쓰레기 냄새, 돼지 똥냄새 나는 더러운 인간들, 일본인들한테는 이 시대의 조선인관이 아직도 그들의 뇌리에 남아 있다.

이 소설은 1910~89년의 암울했던 한국근대사를 재일교포들의 4대에 걸친 힘든 생활상으로 생생하게 그려낸 대 서사시다. 맨 처음 시작부터 작가는 "역사가 우리를 망쳐놨지만 그래도 상관없다."라는 말로 시작한다. 자신을 가지고 살아가는 교포들을 잘 대변한 말이다.

태어나서 자란 땅이 결코 자기 모국이 될 수 없고 정착하기도 힘든 땅, 그렇다고 모국을 찾아가 봤자 반쪽바리로 취급받는 신세들, 그들은 "도대체 우리가 살아야 할 곳은 어디란 말이냐?"라고 반문한다. 그들은 한국에서도 일본에서도 결코 받아들이지 않는 디아스포라의 신세들이다.

이 파란만장한 재일교포의 생활상을 다룬 소설 '파친코'가 미국 애플TV에서 드라마로 제작 중이라니(윤여정 주연) 또 얼마나 세계를 감동시킬지 벌써부터 흥분된다.

자이니치^(재일교포)들의 애환사

비즈니스로 알게 된 사람들 중에는 재일교포 2,3세가 많았는데 가끔 그들과 어울려 한잔하다 보면 그들의 어릴 적 이야기를 들을 수 있었다. 한결같이 멸시와 이지메 덩어리의 쓰라린 얘기뿐이다.

그들 중 덩치가 큰 한 친구가 있었는데, 어릴 때부터 싸움을 잘했단다. 어린 시절 학교의 일본 급우들이 자기한테 조센징이라고 이지메를 할 때마다 죽기살기로 싸웠다고 했다. 그래서 아버지가 수시로 학교에 불려오고…. 아버지는 선생님들 앞에선 큰소리로 자기를 나무라지만 뒤에선 "잘했어, 잘했어. 절대로 지면 안 돼!"라고 하시면서 오히려 격려해 주셨다는 것이다.

또 한 친구는 어릴 때 집에서 돼지를 키웠는데 학교에서 동급생들에게서 냄새나는 조센징이라며 엄청 놀림과 멸시를 당했다고 했다. 최근 한국영화 기생충을 봤는데 냄새나는 주인공 운전수를 보고 어릴 때 자기 생각이 나서 많이 울었다고 했다. 소프트뱅크의 손정의 회장 또한 어릴 때의 기억에서 집에서 돼지를 기르던 냄새나는 기억을 떨쳐 버리지 못하고 그 당시 그렇게도 따르면서 좋아했던 할머니를 김치냄새와 돼지냄새 때문에 싫어했던 과거를 생각하며 눈물을 흘리면서 후회하는 강연을 본 적이 있다.

일본에서 태어나 자란 교포들은 울분을 토하며 강조했다. "우리가 일본인들에게서 받은 멸시나 차별은 징용공 문제나 위안부 문제 못지않게 심각한 문제다. 반드시 일본에게서 사죄와 배상을 받아내야 한다"고. 일제 강점기가 끝난 후 한국은 일본에게 한번도 재일교포들에 대한 그들의 잘못된 처우에 대해 사죄를 요구하거나 배상을 요구해 본 적이 없다. 향후 한국의 국력이 더욱 강해져 우리가 갑이 되었을 때는 분명히 이 문제도 제기해야 할 것이다.

잘 알고 지내는 교포 2세의 한 사업가는 20여 년 전 생전 처음으로 모국의 아버지 고향을 찾아 김포공항에 내렸을 때 출입국 관리에게 너무나 창피한 말을 들었다고 한다. 한국말을 못 배워서 묻는 질문에 더듬더듬 한국말 반 일본말 반 섞어서 얘길 했더니 "당신 한국 사람이 맞느냐? 한국인이면 한국말을 배웠어야지 말도 못 하면서 어떻게 모국이라고 찾아 왔냐"고 구박을 주더란다. 그는 그 한마디에 너무나 창피하고 서러워서 다시는 한국을 가지 않았다고 했다.

그들이 한국말을 하지 못하는 걸 두고 그들을 나무랄 수만은 없다. 재일교포 부모들은 자식들에게 한국말을 가르치지 않는다. 한국인임이 알려지면 주위에서 받아야 하는 멸시와 차별이 얼마나 심한지 잘 알기 때문이다. 젊은이치고 한국말을 유창하게 잘하는 교포는 대개가 조총련학교에서 교육받은 조총련계다.

그 당시의 한국인 교포라면 주로 고물이나 폐지를 주워서 팔거나 조그마한 야끼니꾸(불고기)집을 하거나 아니면 집에서 돼지를 길러서 파는 일이 대다수의 직업이었다. 지금도 많은 교포가 운영하고 있는 파친코 사업은 당시 어느 정도의 자금력이 있거나 수년을 파친코 가게에서 수련을 쌓다가 불하받아 운영하는 운 좋은 케이스였다.

일본의 조직적인 혐한활동

일본에는 자이톡까이(在特会; 재특회)라는 극우단체가 있다. 조선인 특권을 용서하지 않는 시민모임이다. 즉, 재일 한국인, 조선인에게 일본정부가 내국인과 똑같이 영구 영주권을 주고 특권을 준데 대해 반대하는 모임이다. 데모 때마다 재일 코리안에 대한 HATE SPEECH가 심각하다. 날이 갈수록 한국을 미워하는 일본인이 늘기 때문에 그들의 세력 또한 엄청나게 붙어났다. 매주 한국인이 많이 사는 도쿄의 신오꾸보, 오사카의 쯔루하시에서 시작되는 그들의 데모는 날이 갈수록 험악해진다. 그들의 구호에는 언제나 "쓰레기 한국인들아, 일본에서 나가라. 한국 여자들은 강간해도 무방하다" 등등. 그러나 문제는 일본정부의 태도다. HATE SPEECH를 규제하는 법만 만들어 놓았을 뿐 정부는 수수방관만 하고 있는 실정이다.

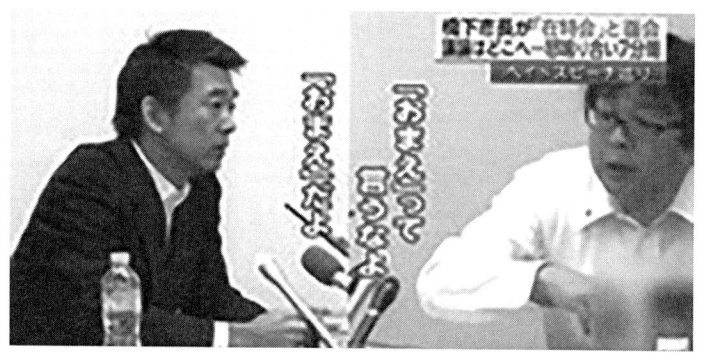

재특회의 hate speech를 막는 사카모토 오사카시장(왼쪽)과
사쿠라이 재특회 설립자와의 말다툼

죽여라 죠센징! 하며 데모하는 재특회원(왼쪽)에 대항해
대응하는 교포 위주의 카운터스

이런 심한 hate speech는 처음 들어본다는 캐나다 기자

TV의 반한 프로그램에 출연하는 혐한가들이 수도 없이 많으나 그들 중 단골로 등장하는 인물이 주한대사를 지낸 무토 마사토시(武藤正敏)와 산께이신문(産経新聞; 산경신문) 한국주재원인 구로다 가쯔히로(80, 黒田勝弘)다.

둘 다 한국근무 경력이 있다 하여 COMMENTATOR로 자주 출연하는 사람들인데 그들의 혐한언동은 도를 지나칠 정도다. 물론 그래야만 일본 시청자들의 가려운 곳을 긁어주어 인기가 올라가겠지만 이건 너무하다 싶을 때가 한두 번이 아니다.

한참 그들의 독설을 듣다 보면 피가 거꾸로 흐른다. 근거도 없이 한국을 폄훼하고 깎아내리는 말들을 예사로 내뱉고 있다. 문재인 정권 때부터 그들의 혐한발언들은 훨씬 도를 넘고 있다.

일례로 사회자가 무토에게 '한국이 주장하는 징용공 문제를 어떻게 생각하냐?'고 물었을 때 '한국인과 정부는 거짓사실만 고집하는 극단주의자들이라 아예 상대를 안 해야 합니다'라는 식의 대답이다.

오죽하면 같은 일본 사람인 가네꼬 마사루(69, 金子勝) 게이오 대학 경제학교수는 다음과 같이 말했을까?

"혐한을 위한 TV프로에 자주 나오는 무토 마사토시, 그 인간은 쓰레기예요. 아무 증거도 없이 감정으로만 떠들어 한국인들을 화나게 하는 일밖에는 못 하는 사람이다. 이런 자가 계속 부채질해서 한일 관계만 악화시키고 혐한자만 증가시키는 장본인이다."

이런 위인이 주한 대사시절 동일본 대지진이 터졌을 때 한국에서 모아준 의연금을 받고 '한국은 정말 따뜻한 이웃'이라며 눈물까지 글썽거렸다니 정말 구역질이 난다.

또 한사람의 TV단골 혐한가 산께이신문기자인 구로타 가쯔히로(80, 黒田勝弘)는 한국에서 40년째 생활하면서 기자생활을 하고 있다. 본인은 한국을 사랑하는 애한가(愛韓家)이며 친한가(親韓家)라고 자칭하고 있으나 일본에서 열변하는 그의 대담을 들어보면 한국을 비하하는 혐한가(嫌韓家)임에 틀림없다.

그가 한국을 좋아하고 한국에서 사는 것이 자기 체질에 맞아서 인지는 모르겠으나 40년째 한국에서 생활하면서 기자활동을 하고 있다는 건 대단한 일이다(그는 주로 신촌에서 기거). 그는 한국에서의 생활에 대해 "반일행동만 없다면 이렇게 즐거운 곳이 없다. 역동적이고 재미있고 에너지가 넘치는 나라, 변화에 대한 민감한 반응과 적응력 그리고 강한 모험심이 한국사회의 장점이다"라고 치켜세웠다.

처음은 교토통신 지국장으로 한국에서 근무하다가 産經신문으로 옮길 때에도 '한국에서 무기한 근무하는 조건'으로 옮겼다고 한다. 1971년 한국을 방문 시 조용필의 '대전블루스'에 매료되어 그때부터 한국을 제대로 탐구하는 기자가 되겠다고 다짐했다고 한다. 그는 일본 출판계에 40권도 넘는 한국 관련서적을 냈으며 그중엔 '한국은 이해하기 힘든 나라'라든가 '한국을 먹다(음식소개)' '일본을 떨쳐 버릴 수 없는 한국' '한국반일감정의 정체' 등이 대표작이다.

우리의 아픈 곳을 지적하는 혐한가들

몇 년 전 무토 마사토시는 『한국인으로 태어나지 않아 다행이다(韓国人に生まれなくてよかった)』라는 책을 펴내 일본의 혐한가들로부터 많은 지지를 얻은바 있다.

그러나 그들의 주장중엔 우리로서 화만 내고 넘겨버릴 수 없는 지적들이 있다. '한국사회는 좋은 대학을 나왔느냐에 따라 인생이 결정된다. 때문에 교육비가 천문학적으로 들어간다'거나 '자식들 교육시키고 결혼시키고 나면 부모들의 노후는 힘들어 진다'라고 한 무토 마사토시의 지적이나 "'하면 된다'는 일념으로 선진국이 된 한국, 정치 과잉으로 망할 수 있다"라고 한 구로다 가쯔히로 기자의 지적이나 역시 그가 한국사회의 문제점으로 지적한 "기초와 기본을 경시하고 한 분야를 깊이 파고드는 스페셜리스트를 바보 취급하는 사회분위기 그리고 국민들이 정치에 너무 깊숙이 파고드는 정치과잉행동(청와대 신문고라든가 하루도 거르지 않고 일어나는 광화문시위)

이 경제에 큰 데미지를 주고 국제관계에 악영향을 끼친다"고 한 지적은 우리에게 많은 시사점을 던져주고 있다. 깊이 새겨들어야할 지적들이다.

그들은 결코 자식들에게 재산을 물려주는 것도, 자식에게 의지하는 것도 원하지 않는다. 죽을 때까지의 생계는 자기가 해결하려는 사고방식이다. 그래서 한국에 비해 늙어서까지 일하는 사람이 많다. 본인의 노후야 어떻게 되건 자식들에게 한 푼이라도 더 쓰지 못해 기를 쓰는 한국의 부모들과는 완연히 다르다. 자식에 대한 맹목적인 퍼주기 후에 다가오는 부모들의 텅 빈 가슴과(자식에 대한 실망으로) 텅 빈 노후생계가 어떤 것인지 그들은 잘 알기 때문이다.

한때 한국에서도 근무한 적이 있는 매일신문의 외신부장 사와다 가쯔미(54, 沢田克己) 기자는 오늘날 뒤틀어져 버린 한일관계에 대해 다음과 같이 분석하고 있다.

"현재 한국에서 일어나고 있는 반일활동, 즉 일본에 대한 전에 없던 강한 도전은 '65년 한일협정'에 대한 반발이라고 볼 수 있다. 한국은 65년 한일협정 당시와 비교도 안 될 정도로 엄청난 발전을 하였기에 65년 협정에 대한 도전이 일어나고 있다. 냉전종결과 globalism 진전, 한국의 눈부신 경제발전과 민주화로 한국은 지금 주요 20개국(G20)의 일원으로서 일본과 어깨를 나란히 할 정도의 세계 10위권 전후의 경제력을 가진 국가로 발전했다.

이러한 반일활동은 자기들이 상대국 일본과 엄청난 국력의 차이가 났을 때 맺어진 수직관계의 비뚤어진 한일협정 조약에 대한 반발심에서 일어나는 현상이다."

라고 그의 저서『반일한국 이라는 환상(反日韓国という幻想)』에서 주장하고 있다.

한일관계는 일본이 압도적으로 강했던 수직관계에서 수평의 대등한 관계로 변해가고 있다. 과거 한국이 빈민국이었고 민주화도 되지 않고 힘없던 시절에는 위안부나 징용공 문제에 대해 눈 돌릴 여유가 없어 그대로 넘어왔으나 이제는 다르다. 그래서 65년 한일협정에 대해서도 '식민지 지배에 대해 한마디의 사과도 없는 굴욕외교'라고 한국인은 반발하는 것이다.

예능계나 스포츠계, 사업계로밖에 갈 수 없는 사회

❦

일본의 예능계에서 한국 출신에 대한 차별과 천대는 상상을 초월한다. 재일교포 2, 3세들은 아무리 열심히 공부하고 스펙을 쌓아도 일본의 일류회사에 취직하기가 하늘의 별따기다. 더구나 공무원이 된다는 건 꿈에서나 가능한 일이다. 본인이 귀화했더라도 한국인 조상의 렛테르는 지울 수가 없어 모두가 처음부터 장사를 시작하거나 예능계나 스포츠계로 입신한 교포가 많다.

우리가 잘 알고 있는 하리모토 이사오(81, 한국명: 장훈張勳, 야구 감독, 해설가) 씨는 교포 2세다. 어머니의 "절대 귀화해선 안 된다"는 유언을 지키며 꿋꿋하게 멸시와 회유를 이겨내고 귀화를 하지 않았다 한다.

동경대 정치학 교수였던 강상중(71, 교포 2세) 교수는 10대 때 모국 한국을 처음 방문했을 때 한국이 자기 뿌리의 원류임을 깨닫고 귀국 후 나가노 데쯔오(永野 鉄夫)라는 본인 이름을 강상중으로 개명했다고 한다. 귀화하지 않고 한국인으로 활약하고 있다.

실업가로서 입신양명(立身揚名)한 분들도 수없이 많으나 그 중 14세 때 도일하여 온갖 고생 끝에 일본의 방적왕(사까모토, 방림방적)이 된 서갑호 회장, 교포 1세로서 롯데그룹을 이룩한 시게미쯔 다께오(신격호) 롯데그룹 전회장과 韓昌祐(90, 교포1세) 마루한(파칭코) 회장, 그리고 3세 교포로서 이미 일본으로 귀화한 소프트 뱅크의 손정의 회장이 돋보인다.

손정의 회장은 도전적이고 과감한 한국인의 DNA와 한우물을 파면서 철저하게 관리하고 업무를 처리하는 일본기업가적 성격을 동시에 갖추고 있다는 평을 받고 있는 인물이다. 불모지 일본에서 온갖 멸시와 이지메, 그리고 수많은 유형, 무형의 압력에도 굴하지 않고 끝까지 버텨 성공한 그 분들의 강인함에 존경의 의를 표한다.

젊은 교포 2, 3세로서 현역 야구선수가 유난히 많지만 그들 대부분은 귀화를 한 상태다.

예능계를 들여다보면 본인이 아직 COMING OUT 하지 않은 사람까지 합친다면 일본인 연예인보다 더 많다는 애기가 나올 정도다. 그런데 일본인들이 자이니치(한국인, 조선인 교포) 배우와 가수에 대한 차별이 이루 말로 할 수 없다. 비록 일본인으로 귀화했더라도 부모 중 어느 한쪽이 한국인 또는 조선인으로 확인될 경우 그의 예능인 생활은 힘들어 진다. 그러니 인기로 먹고사는 본인으로서는 한국인이란 사실이 밝혀지는 것을 극히 두려워한다. 부모가 한국인임이 밝혀져도 끝까지 부인하는 슬픈 현실이 일어나고 있다.

오래전 얘기지만 일본의 여자 엔카가수 중 미야꼬 하루미(73, 都はるみ, 한국명 李春美)라는 인기 정상의 엔카가수가 있었다. 그는 교포 2세로서 일찍 귀화한 상태였다. 당시 '키타노 야도까라'(北の宿から)라는 그의 노래가 대히트하면서 그해의 레코드대상 수상자로 결정되었다. 그러던 중 어머니가 어느 잡지사와의 인터뷰에서 '하루미는 한국교포 2세'라는 사실을 실토하게 되었다. 그 후 일본 가요계는 그녀에 대해 싸늘하게 변하여 그해의 레코드대상을 한국인 2세한테 줄 수 없다는 분위가 팽배했다. 그 후 1년 이상 그녀를 불러주는 방송국이 없어 생활의 위협을 받았다고 한다.

2019년 7월 당시 서울대 교수였던 이영훈과 5명의 공동저작으로 '반일종족주의'라는 한국의 일본에 대한 역사적 반박자료를 철저히 부정하는 책이 출간되었다. 10만 부 이상 팔려나가 베스트셀러가 되었다. 11월에 출간된 일본어판은 출간되자마자 한 달 사이에 30만 부나 팔려나갔다. 그리고 일본의 혐한가들의 귀중한 바이블이 되었다.

내용인즉 1910년의 한일합방이라든지 위안부, 징용공 문제, 독도문제 등 수십 년간 일본과 갈등하며 싸워온 현안들을 전부 한국정부의 거짓이나 잘못으로 치부하는 책이다. 일본의 TV방송국에선 이 책을 보여주며 '한국에도 이런 양심적인 학자들이 있어 다행'이라며 한껏 혐한활동에 기세를 더했다.

한일관계에서 정치문제는 극히 일부분

많은 교포한테 "한국 교포로서 모국 한국이 자랑스러웠던 때가 언제였느냐?"고 물어보면 "88서울올림픽 개최 때가 제일 자랑스러웠고 2002년 한일 월드컵 때 한국이 4강까지 올라갔던 일, 그리고 겨울연가(冬のソナタ) 신드롬이 전 일본을 휩쓸었을 때"라고 한다.

2002년 월드컵 한국:스페인전 응원단(서울시청 앞)

　더구나 최근에 다시 일본사회에 번지고 있는 한류를 대하고 있는 교포들 역시 마음이 뿌듯하리라. 요즘 일본인들 사이에선 "한국 드라마 '사랑의 불시착'을 봤느냐, '이태원 클라스'는 봤냐?"고 묻는 게 친한 사이에선 인사말이 되다시피 했다.

　미국 넷플릭스 덕분에 한국의 인기드라마가 일본의 안방을 휩쓸고 있다. 아무리 한국을 싫어하는 혐한가라도 한국 드라마를 한번 보기 시작하면 그만둘 수가 없는 모양이다. 모태기 외무부 대신도, 반한가인 사카모토 토오루 과거 오사카 시장도 이 드라마를 봤다고 자랑하며 일본 드라마와는 질이 다르다고 절찬하고 있다.

　더구나 '한국인을 만나면 칼로 목을 베어 죽이고 싶다'고

험악한 말까지 한 혐한가인 작가 햐꾸다 나오키는 주위에서 '사랑의 불시착'이 재미있다고 보라고 권하는 것을 '쓰레기 같은 한국 드라마를 왜 보느냐'며 몇 번을 거절하다가 다들 왜 이렇게 난리를 치나 싶어서 앞부분만 보고 그만두려고 했는데 도저히 그만둘 수가 없었다고 한다. 그래서 16편까지 단번에 보았다고 솔직히 털어 놓았다.

여기서 보여주듯 문화와 정치는 완전히 별개다. 오오구라 다카히로 교수의 말과 같이 '한일관계는 모든 분야를 통합한 폭넓은 두 나라의 관계인데 그중 일부분인 정치문제가 전 한일관계를 망치고 있다'고 강조했던 말에 수긍이 간다. 어쩌면 한국 드라마, K-POP이 한일관계를 바로잡아 줄지도 모르겠다.

재일교포들의 모국에 대한 관심과 애착심은 내국인 못지 않다. 모국 한국이 곤경에 빠지면 같이 걱정하고 경사가 있을 땐 같이 즐거워한다. 2002년 월드컵 때의 일이다. 한국의 시합이 있는 날은 거래처의 교포 2~3명은 어김없이 우리 회사로 찾아왔다.

같이 TV를 보면서 응원하기 위해서다. 한국이 득점이라도 할 때는 사무실이 떠나갈 정도로 난리가 났다. 일본인 SUPPORTER들한테서는 도저히 느낄 수 없는 열광이다.

"그렇구나, 피는 절대 거짓말을 안 하는구나!"

재일교포들의 모국 사랑

일본 내에서 대형 사건이 일어났을 때 재일교포(자이니치)들은 누구보다도 가슴을 졸인다고 한다. 혹시나 범인이 자이니치가 아닐까 싶어서…. 큰 사건이 벌어지면 인터넷 SNS상에는 어김없이 자이니치(재일교포)를 의심하는 댓글이 수도 없이 실린다. 교포들에게는 과거 관동대지진(1923년) 때 '조센징이 우물에 독약을 넣었다'는 헛소문으로 인해 6천 명이라는 조선인이 일인들의 죽창에 찔려죽은 트라우마가 있기 때문이다.

해방 후 6.25전쟁이 터졌을 때 일본 교포사회에서 모국을 도와야 한다는 운동이 벌어졌다. 젊은 교포청년들 642명이 전투병으로 지원하여 당시 GHQ에서 3~4일간의 간단한 훈련만 받고 배를 타고 인천과 원산으로 상륙하여 전장에 투입되었다. 전쟁이 끝난 후 135명이라는 전사자를 남기고 나머지 청년들만 돌아왔다.

1948년 대한민국 정부가 수립되고 이듬해인 1949년 주일 대한민국대표부를 개설키로 하고 정한경 초대대사를 파견하지만 정부는 사무실을 마련할 돈조차 없었다. 어쩔 수 없이 정 대사는 재일동포 사업가인 조규호(당시 일본에서 고무공장 경영) 씨를 찾아가 사정을 설명하고 500만 엔을 지원해줄 것을 요청했다. 조 사장은 독립한 모국이 공관사무실 하나 마련할 수 없다는 말을 듣고 눈물을 흘린 것으로 전해진다. 즉시 자기가 가진 돈과 친지들에게서 빌린 천만 엔을 기부함으로써 도쿄 긴자에 대표부 사무실을 마련할 수 있었다. 그 후에도 조 사장은 대표부 운영에 많은 도움을 주었다.

그러던 중 교포실업가 서갑호 회장(사까모토 방적, 방림방적)이 도쿄의 일등지 아자부(麻布)에 갖고 있던 땅 3,091평을 한국에 기증함으로써 오늘날 훌륭한 대사관이 이곳에 들어서게 되었다. 뿐만 아니라 오사카·나고야 등 영사관 부지를 마련하는 데도 교포들의 헌신적인 노력과 성금이 없었다면 당시 한국의 경제력으로서는 불가능한 일이었다.

도쿄의 중심지 아자부에 우뚝 솟은 주일한국대사관 건물

 이 당시엔 북조선(북한)이 한국보다 훨씬 윤택하게 잘살던 때였다. 북조선은 일본 전역에 조선학교를 설립하고 많은 조선인을 교육시킨다. 지금도 전국에 64개 학교가 운영 중이며 7천 명 정도의 학생이 다니고 있다. 초창기 몇 십 년은 북조선의 지원금이 상당했다고 한다.
 이에 반해 대한민국은 보잘것없는 나라였다. 재일조선인을 돕고 싶지만 도울 처지가 못 되는 빈한한 나라였다. 50년대에 재일조선인들은 재일본조선인총연합회(조총련) 측과 대한민국 거류민단(민단)으로 갈라졌다. 초창기엔 조총련이 압도적으로 우세했다. 더구나 조선학교라는 자기들의 학교가 있었기에 초등학교에서 고등학교까지는 이 학교 울타리에서 졸업할 수 있다. 반면 민단측은 모국의 지원이라고는 일 푼도 없는 실정에서 제대로 된 자체 학교도 세우기가 힘들었다. 결국 민단조직에서 힘을 모아 1954년 도쿄 신주쿠에 한국인 학교를 만들었으나 전교생 26명이라는 초라한 학교였다. 결국 교포들은 자식들을 어쩔 수 없이 조센징에 대한 이지메, 멸시가 심한 일본인 학교로 보낼 수밖에 없었다. 오늘날은 이 학교의 학생수가 1,400명을 넘어서는 일류학교로 성장했다. 학교를 확장해야할 형편이지만 혐한가인 도쿄도지사(고이케 유리꼬)는 허가를 내주지 않고 있다. 요즘은 도쿄한국학교 이외에도 오사카의 금강학교, 교토의 국제학교가 설립되었으나 이것만으로는 일본전국의 교포학생수를 수용하기엔 턱없이 부족하다(요즘은 한국인이 아니어도 입학 가능하다고 한다). 그래서 전국에 64개 학교를 가진 조총련계의 조선인 학교를 공동으로 운영하기 위해 현재 국회에서 논의 중인 걸로 알고 있다.

이젠 한국정부가 그들^(재일교포)을 도와야 할 때

가끔 교포 2, 3세들의 원망이 술좌석에서 터져나온다. "우리가 자랄 때 한국정부가 해준 게 뭐가 있냐, 학교 하나를 세워줬냐, 조총련들 반만큼이라도 지원해 줬으면 그렇게까지 서럽게 살지는 않았을 텐데. 한국말 모른다고 윽박지를 게 아니라 왜 한국말을 못 배웠는지, 할 줄 알아도 사용하지를 못하고 자랐는지 그 이유를 파헤쳐 보기나 했냐"고. 그들은 일본사람에 대한 '한'뿐만 아니라 한국정부에 대해서도 맺힌 한을 가지고 살아왔다.

그들이 한국정부에 바라는 건 무엇일까? 한국이 이젠 잘 살게 되었으니 자기들을 도와 달라는 게 아니다. "제발 하루 속히 한국이 더욱더 발전하여 군사면이건 경제면이건 일본을 누를 수 있는 날이 와서 막강해진 고국 덕분에 일본인들 눈치 보지 않고 무시하면서 살 수 있는 날이 빨리 왔으면 좋겠다"는 것이다. 오늘날 해외에서 큰소리치면서 살고 있는 미국인들처럼.

    이제 한국은 선진국 대열에 들어섰다. 이제라도 방법을 찾아 그들이 모국에서 아무런 도움도 받지 못하고 살아온 데 대한 보상을 해야 할 때다. 수십 년 전 증조부 때부터 일본에서 살아온 그들이지만 그들은 언제나 이방인이다. 법적 지위 또한 확고하지 못하다. 언제나 재특회 같은 혐한그룹의 규탄의 대상이 되며 그들이 '일본을 떠나라'고 외칠 때마다 가슴이 철렁한다고 한다. 이 모든 게 아직은 한국의 국력이 약하기 때문이다. 일본의 극우단체들의 구호 중에 '미국인 나가라'거나 '영국인, 독일인 나가라'는 구호는 듣지도 읽어 보지도 못했다.

    하루 속히 국력을 키워야 할 때다.

7

징용공 문제

1965년의 한일청구권협정이란

오늘날 한일 문제가 이렇게 뒤틀어진 가장 큰 원인은 1965년 식민지배의 불법성을 애매모호하게 덮어놓고 맺어진 '한일청구권협정'에서 기인한다고 본다. 한일협정의 정식 명칭은 '대한민국과 일본국 간의 재산 및 청구권에 관한 문제의 해결과 경제협력에 관한 협정'이다. 줄여서 한일협정이라고도 한다.

이 협정에서 일본은 식민지배 36년 동안 한국에 투자한 자본과 일본인의 개별 재산 모두를 포기하고 3억 달러의 무상자금과 2억 달러의 차관을 한국에 지원키로 하며(제1조) 대신 한국은 한반도를 식민지배했던 시대의 청구권 문제는 포기하며 이 청구권은 완전히 그리고 최종적으로 해결된 것으로 한다(제2조)고 되어 있다. 즉, 한일 양국은 양국과 양국민의 재산, 권리 및 이익과 청구권에 관한 문제가 이 한일청구권협정에 의해서 완전히 그리고 최종적으로 해결된 것임을 확인한다는 내용이다. 여기서 2조의 '청구권은 완전히 포기, 해결'이라는 문구에 개인의 청구권 그리고 개인에 대한 위자료 포함 여부가 한일 간의 첨예한 대립으로 일어나고 있다.

한일협정이 체결되기 전 한국은 일본 측에 불법으로 자행한 강제 한일합방에 대해 사죄할 것과 강제 징용공에 대한 손해 배상을 끊임없이 요구했으나 그들은 "1910년 한일합방으로 한국민이 일본인으로 되었기에 한국인에 대한 강제징용이란 있을 수 없다. 일본 내국인들도 전시에 징용되어 근로를 했으나 그들에게 배상해 준 적 없다"는 주장을 펼치고 나왔다. 이러한 주장에는 한일합방이 합법이었다는 인식을 깔고 하는 주장이다.

끝내 한국은 일본 측에서 어떤 사과도 얻어내지 못함은 물론 한일합방이 불법이었다는 확인도 받아내지 못한 채 한일협정을 맺게 되었다. 단지 협정이 파기될 위기까지 갔던 첨예한 독도문제는 '합의 없었음에 합의함'이라고 합의함으로써 협상이 가능했다.

수시로 변하는 일본 사법부의 법률해석

❧

일본이 제2차 세계대전의 패전국으로서 연합국과의 강화조약을 맺을 때의 일이다. 양자는 1951년 샌프란시스코에서의 회합을 최종적으로 강화조약을 맺게 되는데 그 19조를 보면 '일본국민은 연합국들과 그 국민들에게서 받은 손해에 대한 청구권을 포기한다'고 되어 있다.

이에 연합국 즉 미국과 소련 등에게서 손해를 본 일본 국민들은 연합국에 배상청구를 하여 했으나 강화조약에 그들의 청구권이 포기되어 있으므로 정부를 상대로 소송하였다. 당시 일본 법원은 '개인의 청구권은 강화조약에서 소멸되지 않았으므로 직접 상대국에 소송하라'고 권유를 하였다.

그 뒤 일본법원에서 나온 개인 청구권은 소멸되지 않았다는 판결을 인지하게 된 한국과 아시아의 피해자들은 줄줄이 개인의 피해에 대한 보상 청구권을 소송하였다. 1990년대의 일이다.

  일본정부로서는 자국민의 배상을 피해보려고 했다가 큰 호랑이를 만난 격이 되었다. 그때 만약 일본이 '샌프란시스코 조약에 개인의 배상청구권은 완전 포기한다'는 조약을 내세우며 '개인 청구권은 완전 포기'되었다고 주장했다면 지금 한일대립이 심각한 한국 징용공 문제에도 '한일협정에 의해 완전 포기, 해결'이라는 그들의 주장이 힘을 얻을 수 있겠으나 일본정부는 한국의 징용공 문제에 관한한 이중 잣대를 들이 밀고 있는 것이다. 여기에 개인 청구권과 징용공들의 위자료는 65년의 한일청구권협정에 포함되지 않았다는 내용을 설명한 야나이 순지 씨의 증언을 소개한다.

야나이 슌지 씨의 증언

❖

이 문제에 대해 지난 1991년 당시 외무부 조약국장이던 야나이 슌지(84, 柳井俊二) 씨가 국회에서 답변한 명쾌한 자료가 있어 소개한다.

- **국회의 질의** : 한일청구권협정에서 개인의 청구권은 어떻게 되는가?

- **야나이 슌지 조약국장** : 한일 양국이 국가로서 가지고 있던 외교보호권을 상호간 포기했음은 확인할 수 있다. 그러나 개인의 청구권 자체를 국내 법적인 의미로 소멸시킨 것은 아니다. 또한 이 개인의 청구권은 한일 양국 간에 정부로서 이것을 외교보호권 행사로 받아들일 수 없다.
1965년 한일청구권, 경제협력협정의 제1항에 대해

서는 한일 양국 또는 양국 국민 간의 재산·청구권 문제가 완전, 최종적으로 해결되었다는 것을 확인하고 있고 제2항에 대해서는 이른바 청구권 포기에 관해서도 규정되어 있으나 이러한 규정은 양국 국민 간의 재산·청구권문제에 관해선 한·일 양국이 국가로서 가지고 있는 외교보호권을 상호 포기했음을 확인하는 것이지 개인의 청구권 자체를 국내법과 같은 의미로 소멸시킬 수 있는 것은 아니다.

라고 국회에서 답변한 기록이 남아 있다. 즉 그의 주장에 의하면 피해를 당한 개인의 청구권은 65년 한일청구권협정으로 소멸되지 않고 살아 있다는 주장이다. 그 다음 해에 '징용공들에 대한 위자료 지불이 한일협정에 포함되어 있는가?'라는 질의엔 "당시 피해자들의 위자료 문제가 한일청구권협정에 포함시킨다는 얘기는 내 기억엔 없다"고 했다. 즉 위자료 지불은 청구권협정에 포함조차 되지 않았다는 얘기다. 이에 우리 대법원은 2018년 판결에서 '피고가 원고에게 갚아야 할 것은 위자료이다'라고 판결한 것이다.

  한국의 대법원은 위와 같은 해석 하에 2018년 10월 원고인 4명의 징용공에게 피고인 신일본제철은 배상금을 지급하라는 판결을 내린 것이다. 이 판결은 징용공들에 대한 미지급금이나 보상금을 청구하는 것이 아니라 피고 기업의 불법적이고 반인도적인 강제동원, 강제노역에 대한 위자료의 청구라고 판결했다. 일본정부는 초지일관 1965년 한일청구권협정에서 전부 보상한 상태라고 주장, 그때부터 한일 간의 진흙탕 싸움이 계속되고 있다.

그 후 2000년대 들어 일본 재판부는 개인 청구 소송에 관해 '개인의 권리는 소멸되지 않았으나 소송으로 구제받지 못할 권리이며 이에 응할 의무는 없다'고 판시하게 되었다. 이때부터 관련된 모든 소송이 각하 또는 패소되었다. 이렇게 일본정부나 사법부는 그때그때 그들의 필요에 따라 법의 적용을 변경함으로써 피해 당사자들의 요구를 피해 온 것이다.

개인 청구권이 소멸은 되지 않았으나 소송으로 구제받지 못한다고 한 판결이 나온 후의 재판은 어떻게 되었을까. 그 후 최고재판소의 결정은 개인의 권리가 소송으로는 구제받지 못하며 재판의 밖에서는 구제받을 수 있으므로 피고는 재판으로 구제받을 수 없는 원고에 대한 피해구상 노력을 기대한다며 화해를 종용하였다.

지난 2009년 10월 중국인 징용공 360명은 태평양 전쟁시 강제동원을 자행했던 일본 전범기업인 니시마츠 건설을 상대로 일본법원에 소송을 제기했다. 일본 법원은 원고인들의 개인청구권을 인정했으나 소송으로 보상받을 수 없는바 원고 패소판결을 내렸다. 동시에 피고 측에 '보상 받을 수 없는 원고를 위해 피해 구상 노력을 기대한다'고 화해할 것을 권했다.

이에 니시마츠 건설은 직접 사죄와 동시에 2억 5천만 엔의 보상금을 지급했다. 그 뒤에도 이 회사를 상대로 183명의 중국인이 소송을 제기, 결국 화해하여 1억 2천 8백만 엔의 보상금을 받은바 있다.

미쓰비시 머티어리얼(미쓰비시 광산) 역시 과거 중국인 강제 노역 피해자 3,765명에게 반성의 뜻을 표하고 보상하겠다고 밝힌 바 있다.

일본에 살고 있는 자이니치, 즉 한국인 교포들 역시 징용공, 위안부 문제에 비상한 관심을 가지고 있다.

최근 한일 간 큰 이슈가 되고 있는 징용공 문제에 대해 아베정권이 내세우고 있는 주장만 들어온 그들인지라 "한국 정부는 1965년 한일협정 때 이런 문제해결조로 3억 불을 받고서는 왜 다시 돈을 요구하느냐"고 필자에게 시비를 걸어 올 때가 많다.

오늘날까지 한국의 정부와 법원에서 주장하는 대로 징용공 보상문제는 한일협정에서 소멸되지 않았으며 해결되지 않았다는 사실과 함께 다음에 기술한 일본의 일부 법률가들의 견해도 함께 설명해 주었다.

한국 대법원의 징용공에 대한 판결

1965년 한일협정 때 일본을 강력하게 밀어붙여 1910년의 한일합방이 불법이었음을 인정받아야 했다. 그러나 국력의 한계가 있었고 국가재건에 자금이 긴급히 필요했기에 결국 기울어진 한일청구권협정에 합의했고 그것이 그대로 오늘날까지 흘러오게 되었다.

이에 대해 한국 대법원은 2018년 10월 징용공에 대한 판결에서 "원고들(강제징용 피해자)에 대한 미지급 임금 등은 1965년 한일청구권협정에서 국가 간에 해결 완료되었다. 그러나 문제가 되는 원고들의 손해배상청구권은 일본정부의 한반도에 대한 불법한 식민지배 및 침략전쟁수행과 직결된 일본기업의 반인도적인 불법행위를 전제로 한 강제동원 피해자들의 일본기업에 대한 위자료의 청구권이라는 것을 명확히 한다. 원고들은 피고상대로 미지급금이나 보상금을 청구하는게 아니라 위자료를 청구하는 것이다. 강제징용 위자료 청구권은 한일청구권협정의 적용 대상에 포함되지 않았음이 명확하므로 해당기업은 강제징용에 대한 배상으로 피해자들(징용공)에게 위자료를 지급하라"는 판결을 내렸다.

징용공 판결에 관한 일본 지식인들의 견해

❖

대법원의 이번 판결에 대해 일본인 전부가 부정하는 것은 아니다.

과거에 오사카(大阪)지사를 지낸 하시모토 토오루(52, 橋下徹 반한가) 변호사는 이 판결을 심각하게 받아들이고 있다. "2018년 10월 한국 대법원이 내린, 전시 중 일본기업에 근무하였던 한국인 노동자가 일본기업을 상대로 소송한 건에 관해 한국 최고재판소가 노동자들의 주장을 인정해 일본기업(신일본제철-신일철주금)한테 배상명령을 내린 판결은 일본에게는 아주 충격적인 판결이었다."

그리고는 "노동자 측은 일본기업에 강제적으로 노동했다고 주장하는 데 반해 일본정부는 강제는 아니었다고 주장하고 있다. 그러나 징용공 문제는 위안부 문제와는 틀려 전시 중 일본정부가 조직적으로 강제노동을 강요한 사실이 존재한다.

위안부 문제에 관해서는 국제사회가 지적하는 것과 같은 형태의 일본의 정부나 군이 조직적으로 인신매매 행위를 한 사실은 존재하지 않지만 노동 분야에선 한국 측이 주장하는 규모 정도는 아닐지 모르나 강제노동을 행한 사실은 존재한다.

고로 국가조직의 강제성이 존재하지 않는 위안부 문제와 강제성이 존재하는 노동문제는 분리하여 취급하지 않으면 안 된다."

"위안부 문제는 국가조직의 강제성을 확실하게 부정할 필요가 있다. 만약 일본정부가 징용공 문제에 대해서도 국가기관의 강제성 노동을 부정한다면 정부의 강제성이 없는 위안부 문제까지도 반격의 여지를 주게 된다."

"또 한 가지 중요한 사실은 그 당시 문제가 된 기업의 노동환경이 어떠했는가, 그 환경은 세계 각국의 것과 비교할 때 어떠했는가, 일본만이 특수한 상황이었던가를 비교해볼 필요가 있다. 일본정부는 1965년 한일협정으로 이 모든 청구문제가 다 해결되었으므로 더 이상 논할 필요 없다고 주장하나 이 판결을 파헤쳐 보면 한일협정으로는 해결 못 할 부분을 파고든 판결이다.

즉 정부가 지울래야 지울 수 없는 개인의 청구권(위자료)을 파고든 것이다. 일본정부가 지금처럼 해결완료라고만 무시하다가 만약 국제재판에라도 가게 되면 일본이 질 확률이 크다. 즉 1965년 한일협정으로는 개인의 청구권을 소멸시킬 수 없다. 고로 일본도 이 판결에 대해 이길 수 있는 방안을 연구해야 된다."라고 정부의 조치를 비난하고 있다.

우쯔노미야 변호사의 해석

과거 일본 변협회장을 지냈던 우쯔노미야 겐지(85, 宇都宮 健兒) 변호사는 징용공 문제에 대한 한국 대법원 판결에 관한 소신을 묻는 한국 변호사회의 질문에 "지금까지 일본정부나 일본 최고재판소도 한일청구권협정에 의해 개인의 손해배상 청구권이 소멸되지 않았다"라고 해석을 해왔다.

좋은 예로 1991년 당시 외무성 조약국장이던 야나이 슌지 씨는 참의원 예산위원회에서 "한일청구권협정에 의해 한일 양국이 국가로서 가지고 있는 외교보호권은 상호 포기했으나 개인의 청구권은 소멸되지 않았다"라는 취지로 답변했다.

뿐만 아니라 일본 최고재판소는 2007년 4월 27일 중국인 강제동원 피해자가 일본기업 니시마츠 건설에 배상을 청구한 판결에서, 중국과 배상관계 등에 대해 외교보호권은 포기되었으나 피해자 개인 배상청구권에 대해서는 '청구권을 실체적으로 소멸시키는 것까지 의미하는 것이 아니라 해당 청구권에 기초해 소구(청구권을 소송에 의해 행사하는 것)하는 권능을 상실시키는 것에 머무른다'고 판단해 강제동원 관련기업 및 관계자에게 피해자에 대한 자발적 배상노력을 촉구한 적이 있다.

이러한 최고재판소 해석은 한국의 강제동원 피해자 배상청구권에도 당연히 적용되는 것이라 생각한다. 중국인 강제동원문제에 관해서는 일본기업이 소송을 계기로 사실과 책임을 인정하고 사죄하면서 강제동원 피해자들에게 화해금을 지급했다.

따라서 일본정부가 일관되게 주장하는 '완전해결 운운…'은 완전히 잘못된 해석이라고 생각한다. 진정한 해결을 위한 노력을 지원해야 한다.

과거 나치독일에 의한 강제노동피해 해결의 경우 2000년 8월 독일정부와 6,400여 개의 독일기업이 '기억, 책임, 미래'라는 기금을 창설해 지금까지 약 100개국 166만여 명에게 44억 유로(7조 5천억 원)의 배상금을 지급해 왔다.

이와 같은 독일정부와 독일기업의 노력이야말로 일본정부, 기업이 배워야 할 점이다. 이에 반해 일본정부는 거꾸로만 가고 있는데 그 이유는 "일본정부를 비롯한 일본사회 전반에 걸쳐 제2차 세계대전 전의 침략전쟁, 식민지 지배에 대한 반성이 부족한 것이 최대의 요인이라 생각한다.

일본정부는 한일청구권협정을 내세워 일본기업의 해결하려는 노력을 방해, 억제할 것이 아니라 오히려 스스로 책임을 인지하고 한국정부와 협력해 강제동원 문제의 진정한 해결을 위한 노력을 지원해야만 한다."라고 역설하였다.

그리고 한국 변호사회에서 "한국 대법원 판결에 대한 일본 내 반응은 어떠했는지?"를 묻는 질문에 그는 "앞서 언급했듯이 아베신조수상은 한일청구권협정과 경제협력협정에 의해 배상청구권은 완전하고 최종적으로 해결됐다고 하지만 일본의 전후 책임문제에 노력해 온 변호사 9명은 '강제동원 피해자 문제를 인권문제로서 받아들여 일본기업도, 일본정부도 진정한 해결을 위해 노력해야만 한다'는 성명을 발표했는데 이 성명을 마치 기다리고나 있었듯이 일본 전국의 수많은 양심적인 변호사와 연구자에게서 엄청난 호응을 얻은 바 있다."

아사이 모토후미 전 외교관의 격노한 증언

❧

일본 외교관 출신이 징용공 문제에 터무니없이 고집하는 아베정권의 주장을 맹비난했다. 그 내용은 상당히 길지만 아베의 주장이 얼마나 터무니없는 궤변인지를 잘 표현하고 있다.

그는 외교부에서 25년간이나 근무했던 아사이 모토후미(80, 浅井基文) 씨다.

우선 징용공 문제에 대해 그는 "한국 측에는 100%의 이(理)가 있고 일본 측엔 100%의 비(非)가 있다. 한일관계의 전 책임은 아베정권에 있다. 그는 '한일관계를 파괴하는 게 아베정권'이라고 단정지으며 지금까지 TV나 신문사에서 보도하지 않는 '국제인권규약'(일본은 1979년 비준함)의 존재를 소개함으로써 아베정권의 사기 같은 수법을 폭로했다.

"본인도 외무성의 밥을 25년간 먹었고 아시아국이나 조약국에 9년 동안 근무했으므로 일본정부가 주장하는, 과거의 청구권 문제는 1965년 청구권협정으로 완전히 해결·완료되었다는 것은 이해할 수 있다.

그러나 이것은 어디까지나 정부 간의 협정이다. 설사 이 협정이 개인들의 청구권까지 포함된 협정이라 해도 그 후 국제인권법이 확립됨으로써 개인의 청구권을 소멸시킬 수 없으며 불법이나 강제로 노역을 한 사람은 가해자에게 효과적인 구제조치를 강구하도록 요구할 권리가 있다."

국가가 포기한 것은 국가의 외교보호권으로서 국가와 국가 간에 행해지는 권리에 대해서 포기한다는 것이지 개인의 청구권 자체는 국제인권법협정에 의해 소멸시킬 수 없다는 취지다. 이 주장은 1990년 초까지도 일본정부가 취했던 논리였다.

샌프란시스코 강화조약에서 체결된 '일본국민이 연합국과 그 국민들로부터 받은 손해에 대한 청구권을 포기한다'는 내용에 대해 일본의 최고재판소는 개인의 청구권은 소멸되지 않고 살아 있으니 각자가 해당 국가에 직접 소송할 것을 종용해 왔다. 더구나 그들은 1990년대까지만 해도 한일청구권협정에서 개인의 청구권은 소멸되지 않았음을 인정했다. 이를 인지한 아시아의 피해자들이 개인 청구권의 소송을 걸게 된 것은 앞서 언급한 바 있다. 2000년대에 들어와

줄이은 소송을 감당하지 못한 일본은 말을 바꾸었다. '개인청구권은 소멸되지 않았으나 이는 소송으로 해결할 수 없는 권리'라고….

그로부터는 제기되는 개인의 청구권 소송은 전부 각하되었다. 그러나 지금까지 한국의 개인청구권 소송 중에 일본 법원이 내린 판결 중 '해당 건은 1965년 한일청구권협정에서 이미 지불되었다'고 내린 판결은 단 한 건도 없었다.

한국 판결엔 理가 있고 일본의 주장엔 非가 있을 뿐

더 나아가 아사이 씨는 "한국 대법원의 판결은 1991년의 외무성 답변에 비춰볼 때 매우 옳은, 정당하고 항변할 수 없는 판결로 인정하지 않으면 안 된다." 그러면서 "아베수상이 1991년 외무성 답변이 마치 없었던 것처럼 행동하는 것이 도저히 이해할 수가 없다. 일본정부가 한국의 판결에 대해 도저히 납득이 안 가는 판결이라고 하는 것이 오히려 이상하지 않은가?"

또한 아사이 씨의 또 다른 주장은 "아베수상은 독일·중국 등을 방문하는 외교를 펼쳤으나 화해를 희망하는 한국에는 대조적으로 징용공 문제를 들고 나와 수출규제를 해제하지 않을 것임을 재확인하며 한국과는 일절 타협하지 않겠다는 생각이다.

이의 배경엔 일본이 일으킨 전쟁을 정당화하는 일에 무엇보다 우선하는 아베수상의 강고한 역사수정주의가 내재하고 있다. 아베정권이 대한국 강경조치를 취한 이래 일본 제품 불매운동 확대라든가 방일 관광객의 격감으로 경제적 손실이 큰 상황을 초래하여, 국익을 훼손시킨 경제음치, 국적(國敵)을 구분 못 하는 수상이라는 비판이 분출해도 도대체 그런 소리는 들리지 않는 듯. 더 큰 문제는 일본 미디어나 여론이 이러한 아베수상의 자세를 따르고 있다는 것이다.

수많은 fake news가 수상관저에서 발신되면 미디어들은 이를 그대로 중계함으로써 태반의 국민이 이를 믿게 되는 현상이 벌어지고 있는 현실이 안타깝다.

이러한 문제로 한국에 대해 고자세로 행동하는 것은 어떤 이유로도 용서할 수 없다. 한국에는 100%의 이(理)가 있고 일본에는 100%의 비(非)가 있을 뿐이다."

아베의 주장을 신봉하는 일본국민들

❧

"과거 징용공에게 해당 일본기업은 위자료를 지불하라"는 한국 대법원의 배상판결에 대해 아베총리는 초지일관으로 "1965년 한일청구권협정으로 완전히 최종적으로 해결되었다. 이번 판결은 국제법에 비춰볼 때 있을 수 없는 판단이다."라고 반박하며 그 당시 고노 외무대신 또한 "한일청구권협정은 한·일의 국교수립 이래 양국의 법적 기반이 되어 왔다. 오늘의 판결은 한국 측이 법적 기반을 일방적으로 훼손시키는 일이다. 법의 지배가 관철되고 있는 국제사회에서 상식적으로 생각할 수 없다"고 주장하고 있다.

이러한 일본정부의 논리에 매스컴들은 동조하며 한국을 매도하고 있다. 매일같이 이러한 매스컴만 접하며 사는 일본국민들 또한 '한국은 국제법도 안 지키는 철면피 나라'라고 매도하며 한국을 미워하며 경시하는 국민이 점점 늘고 있다.

이 건으로 가끔 일본인들과 논쟁을 벌이면서 느끼는 것은 그들은 정부나 매스컴에서 주장하는 것은 검토나 숙고 없이 그대로 믿고 따른다는 것이다. 정부가 주장하는 것이기에 검토할 필요가 없다고 생각한다. 오로지 한일협정 때 무상 제공 3억 달러 안에 다 포함되었는데 왜 이중으로 요구를 하냐며 빈정댄다.

그들에게 개인의 청구권은 국가 간 협의로 소멸시킬 수 없는 거라고 설명해도, 더구나 그 후에 일본도 비준한 국제인권규약이란 조약이 발효되어서 어느 누구도 강제노동에 강요받을 수 없으며 강제노동을 당한 자는 가해자에게 떳떳하게 구제조치를 요구할 권리가 있다고 설명해도 거기까지는 알려고도 하지 않는다. 정부가 주장하는 것에 허위가 있겠냐고 한다.

일본정부가 주장하는 징용공 개인의 청구권 문제가 이미 해결완료되었다고 주장하는 근거로는 '1965년 한일청구권협약 제2조에 의거, 한일 양국은 양 국가와 국민들이 지닌 권리 및 이익과 청구권에 관한 문제는 이 한일청구권협정에 의해 완전히 그리고 최종적으로 해결된 것으로 한다'는 내용 때문이다.

그러나 이것은 양 국민 간의 재산·청구문제에 관해서 양국이 국가로서 가지고 있는 외교보호권을 상호 포기했음을 확인하는 것이지 개인 청구권 자체를 국내법과 같은 의미로 소멸시킬 수 없다는 것은 현재 국제인권법상의 상식이다. 이와 같은 개인청구권 불소멸론은 일본정부와 사법부 스스로도 1990년대까지는 인정하고 주장해온 사실이다. 이러한 일본정부의 견해가 2000년대에 들어와서 특히 아베정부에 들어와서 돌변해 버렸다. 개인청구권도 한일협정에 포함되었으며 소멸되었다고…. 그래서 외무성 출신인 아사이 모토후미 씨가 '아베는 국제인권법이 발효되어 개인청구권은 소멸시킬 수 없는데도 사기를 치고 있다'며 격노하는 이유다.

한국 지법이 대법원과 상반된 판결을 내리다

❖

위와 같이 징용공 판결에 관해 어느 정도 머리가 정리되어 가던 차에 최근 또 하나의 판결에 머리가 혼돈되고 있다.

강제 징용공 판결에 관해 2018년 10월 한국 대법원이 내린 판결과 상반된 판결이 1심 법원에서 나와서 한없이 헷갈리게 하고 있다. 금년 6월 서울 중앙지법은 강제징용 피해자 85명이 일본제철 등 일본기업 16곳을 상대로 낸 강제징용자에 대한 손해배상 소송에서 각하 판결을 내렸다.

이 판결은 '한일청구권협정에 따라 개인 청구권까지 소멸되거나 포기된 것은 아니라 하더라도 개인이 일본 국가나 일본국민을 상대로 소송을 제기하는 것은 제한된다. 설사 이러한 소송을 받아들여 강제집행까지 하는 것은 권리남용에 해당한다'고까지 판시를 했다.

똑같은 사건을 판단하면서 대법원은 배상하라는 승소

판결을 지법에선 각하 판결을 내린 것이다. 각하의 이유는 '개인의 청구권이 소멸된 것은 아닐지라도 개인이 일본 국가나 국민을 상대로 소송을 제기하는 것은 제한된다'는 것이다. 어쩌면 이렇게 일본 대법원이 내린 판결과 똑같을까. 그러나 개인의 청구권이 소멸되지 않았지만 이를 소송으로 해결함은 제한된다는 내용은 일본정부와 사법부가 그때그때 필요에 따라 만들어 낸 내용인데 그에 따르고 말았다. 개인 청구권의 소송제기도 국제인권협정이 발효된 후로는 얼마든지 소송이 가능한데도 아베·스가정권이 줄기차게 주장하는 대로 판결을 내린 것이다.

그렇다면 2018년 대법원이 내린 배상판결은 권리남용의 잘못된 판결이란 얘기인가, 소멸되지 않은 개인의 보상 권리를 찾겠다고 소송하는 깃은 불가능한가 그렇다면 징용공들의 소멸되지 않은 권리는 어떻게 찾는다는 얘긴가. 한없이 헷갈린다. 징용공 개인의 청구권이 없어지지 않고 살아 있다는 게 한일 양국가의 견해라면 무슨 방법을 동원하든 이들의 권리를 찾아줘야 하는 것이 우리 정부나 사법부의 도리가 아닐까.

지금까지 이곳 교포 지인들에게 줄기차게 설명해 온 근거가 뒤집혀 버렸다. 어느 쪽이 진실에 가까운 판결이며 어느 쪽이 정치에 가까운 판결인지 문외한인 나로서는 도저히 판단이 서지 않는다. 이곳에 살고 있는 그들에게 다시 설명해 줄 방법을 찾지 못하겠다.

이와 관련해 무엇보다 걱정되는 것은 우리 법원의 중구난방식 판결로 인한 국제사회에서의 신용추락이다. 변하는 정권의 구미에 맞춰 판결을 내는 걸까, 아니면 그들의 서로 다른 해석 차이로 이런 중구난방식 판결이 나오는 걸까. 추락할 대로 추락해 버린 우리 사법기관이 원망스럽다.

한국 사법부 판결에 대한 해외 반응

벌써 해외에서 한국 사법부에 대한 야유가 식을 줄을 모른다. 당사국인 일본은 중앙지법의 각하 판결이 난 즉시 주요 일간지 전부가 대서특필하였으며 '이례 중의 이례' '수시로 변하는 한국의 사법부 판결'이라느니 '일본에 유리한 이례의 판결' 등등 특종의 뉴스로 취급하였다. 아울러 이러한 판결을 내린 담당 판사에 대한 국민들의 뱃싱에 관해서도, 국민청원에 관해서도 아주 꼼꼼하게 보도를 하였다.

인터넷에서도 혐한가들 뿐만 아니라 일반 시민들도 '이례적이 아닌 지극히 당연한 판결이 나왔다'느니 '한국 사법부가 한일 단교가 겁이 나서 이렇게 판결했나' ' 정치로 수시 변하는 한국 사법 판단, 역시 중국의 속국답다' '이젠 한국에 대해 비한 3원칙(도와주지 않는다. 가르쳐 주지 않는다. 관여하지 않는다)을 도입해야 한다'는 등 뜨거운 반응을 보였다.

이번 사태가 일어나기 훨씬 전, 박근혜대통령의 탄핵 때부터 한국의 사법 시스템을 한심하게 보아왔던 영국의 BBC방송의 무너져 가는 한국에 대한 촌평이 너무나 충격적이다. "한국은 법치 문란의 주범이 바로 법원이다. 법관들의 편향된 이념과 주체사상의 근간이 한국을 파탄내고 있다. 한국은 재판부 즉 판사 그룹들이 나라를 망치는 이상한 나라다. 단지 몇 명의 판사가 멀쩡한 나라를 식은 죽 먹기로 말아먹고 있다. 감히 대통령 탄핵도 비상식적으로 하는 그들(사법부와 헌재)이 무슨 짓을 못 할까. 법치문란 때문에 한국은 결국 망할 것이다. 한국은 스스로 제살을 뜯어 먹는 미친 나라다. 한때 탁월한 지도자 박정희 덕에 쓰레기통에서 장미꽃을 피웠던 나라가 결국 스스로 본래의 자리인 쓰레기통으로 되돌아가고 있는 중이다. 잘사는 게 복에 겨워 판사들이 앞장서서 차내고 스스로 고난의 길, 노예의 길로 들어가려 하는 이상한 국가가 한국과 그 국민들이 아니겠는가? 잘나가던 나라가 이대로 망할 것인가?"라고까지 평했다.

화해를 가로막는 일본정부

❦

　이번 중앙지법의 판결이 옳다, 그르다를 떠나 아쉬웠던 건 판결의 말미에라도 '해당 건은 소송으로 해결할 수는 없으나 피고(신일본제철 등 16곳)는 보상받을 수 없는 원고들을 위해 피해 구상 노력을 다해 주기를 바란다'라고만 첨부했어도 원고들의 마음이 조금이나마 풀리지 않았을까.
　거듭 얘기하지만 일본정부의 징용공에 대한 줄기찬 주장은 1965년 한일청구권협정에서 보상이 끝났다는 얘기다. 그러나 지금까지 일본법원의 징용공에 대한 수많은 판결에서 '징용공의 개인 청구권은 1965년 한일청구협정에서 해결되었다'는 판결은 단 한 건도 없었다. 즉 재판결과 패소 내지 각하의 이유는 이미 지불, 해결되었기에 내리는 판결이 아니라 딴 이유 때문에 내려진 판결이다.
　일본정부는 한국의 징용공에 대해서는 판이하게 대처하며 우리 대법원의 판결에 강력 반발하고 있다. 우선 그들의 주장을 들어 보자. 한국과 중국은 근본부터가 다르다는 것이다. 중국은 1972년 국교정상화 때 중일우호를 위해 전쟁배상 청구권을 포기했다. 그래서 한번도 보상해 준 적이 없다. 더구나 중국은 교전상대였지만 한국은 식민지였기 때문에 식민지 지배하의 조선인 강제동원은 적법행위였다고 주장하고 있다.

이 문제 역시 1910년의 한일합방이 불법이라는 확고한 결론 없이 애매모호하게 맺어진 한일협정서 때문에 빚어진 문제라고 본다.

법에 의한 소송으로 해결하지 못할 건이라면 일본 최고재판소의 취지대로 당사자끼리의 화해와 합의에 의해 해결하는 수밖에 없을 것이다. 그러나 문제는 일본정부다. 2012년 한국에 배상할 책임이 있는 신일본제철의 주주총회에서 한국 대법원의 판결이 나올 경우 화해에 응하겠다고 그들은 결의를 하였으나 일본정부가 배상에 응하지 말라는 지침으로 돌연 태도를 바꿨다. 일본정부가 이렇게 화해를 가로막고 있는 한 우리 징용공들이 실질적인 배상을 받아낼 수 있을지 의문이다.

8

그래도 무시 못 할 나라 일본

부자는 망해도 10년은 광이 비지 않는다

❧

일본은 아직도 세계 3위의 경제대국이다. 세계 각처에 357조 엔(3천 8백조 원)이 넘는 어마어마한 해외 재산을 보유하고 있는 세계 최대의 채권국가다.

그들의 버블기인 80년대/90년대에 해외에 심어놓은 자산이다. 참고로 한국의 해외자산은 고작 4천 2백억 달러(4백 8십조 원)에 지나지 않는다. 그들은 세계 각 곳의 투자처에서 매년 220조 원의 소득을 걷어들이고 있다. 정말 부러운 얘기다.

참고로 주요 선진국들의 해외투자 자산을 보면

1위 일본 : 3조 2천억 불
2위 독일 : 2조 4천억 불
3위 중국 : 2조 170억 불

경제규모면이나 국방력면에서 또는 국제적 지명도나 외교력면에서 한국이 일본을 따라잡기에는 아직 갈 길이 멀다. 우선 2019년 그들의 국가 GDP가 5.08조 달러를 넘었다. 중국이 그들을 앞지르기는 했지만 일본은 세계 3위의 GDP 대국이다. 4위인 독일과는 1조 2천억 달러나 차이를 벌이고 있다. 한국의 국가 GDP는 일본의 3분의 1에 불과하다. 그러므로 한국이 일본을 추월하는 경제대국이 되려면 현재 1인당 GDP의 3배인 9만 6천 달러를 넘겨야만 가능하다는 얘기다.

1인당 GDP로 보면 일본이 42,930달러로 세계에서 23위, 한국은 34,870달러로 26위를 마크하고 있다(2021년 4월 추정치). 태산같이 높게만 보였던 일본을 8부능선까지 숨가쁘게 따라 올라온 셈이다. 일본이 지금과 같은 침체기를 계속 걷는다면 향후 수년 내에 일본을 추월할 것은 분명하다. 그러나 이것 하나만 가지고 한일의 경제역전이라고 말하기는 어렵다.

그러나 그때가 되면 한국의 생활상이 일본보다 훨씬 여유롭고 윤택해질 것이며 갑을문화에 젖어 있는 일본에게 을로 취급당하지 않고 대등한 입장으로 대응할 수 있으리라 확신한다. 그러므로 지금까지 해결하지 못한 머리 아픈 역사문제를 그때 가서 본격적으로 대처하는 것이 훨씬 효율적이고 유리하지 않을까.

그리고 일본인들은 세계 어느 국민보다 예금을 열심히, 많이 하는 국민이다. 경기가 좋을 때나 나쁠 때나 돈만 생기면 은행으로 달려간다. 작년 코로나 보상금으로 1인당 10만 엔씩 지불했을 때도 65% 정도는 쓰지 않고 예금을 했다고 하니 그래서 경제순환이 잘 되지 않아 경제가 침체되고 있다.

이렇게 저금에 열심이다 보니 그들은 1,830조 엔이라는 엄청난 개인재산을 은행에 맡겨 놓고 있다. 일본 국가채무가 1,100조 엔을 초과했지만 이 예금이 있는 한 일본정부는 안심하고 국채를 발행할 것이다. 왜냐하면 각 은행들이 국채를 구입해줄 능력이 있기 때문이다. 더구나 발행국채는 거의가 국내에서 소진되기 때문에 국가부도 걱정을 하지 않아도 된다.

뿐만 아니라 일본 법인들의 사내 유보액이 최근 463조 엔을 넘었다고 한다. 400만 개가 넘는 중소기업들 역시 소재·부품·장비산업에 수십 년 아니 수백 년을 한우물만 파온 결과로 감히 어느 누구도 범접할 수 없는 그들만의 확고한 기술을 보유하고 있다. 오늘과 같은 디지털사회에서는 그들의 장인정신에 입각한 물건 만들기(物つくり)가 적합하지 않지만 그들의 기술력만큼은 세계가 인정하고 있다.

장인정신을 빛내는 일본의 중소기업들

❦

기술입국 일본을 지탱하고 있는 수많은 중소기업 중 몇 군데를 소개해보면,

- 오카노공업(岡野工業) : 도쿄 소재, 종업원 6명의 마찌고바 (町工場). PRESS 가공업체로서 금형(金型)의 마술사로 국내에선 정평이 남. 아프지 않은 주삿바늘 '나노파스33'을 개발해 유명. 이 바늘은 굵기가 0.2mm의 극세바늘임. 현재 NASA에 파라볼라 안테나 부품을 납품 중

- 쥬겐공업(樹研工業) : 나고야 소재, 플라스틱 사출성형의 정밀부품 메이커. 세계 제일의 초극소, 초경량 부품메이커. 몇 년 전 백만분의 1그램의 사출 歯車(톱니바퀴)를 만들어 세계를 놀라게 함. 주로 카메라·시계·컴퓨터에 들어가는 소형 플라스틱 정밀부품 생산

- 하드 록 공업(HARD LOCK) : 동 오사카시(東大阪市) 소재, 볼트/너트 제조, 종업원 50명, 절대 풀리지 않는 볼트/너트 생산이 회사의 자부심. 도쿄의 SKY TREE TOWER에도, 세토대교(瀨戶大橋)건설에도 이 회사의 볼트/너트가 사용됨

- SDC田中 : 오사카시(大阪市) 소재, 종업원 22명, 현재 NASA에 부식/마모하지 않는 특수 BOLT/NUT 납품 중

- YUTAKA : 마쯔야마시(松山市) 소재, 일본 H-2A 로켓에도 NASA에도 엔진, 피스톤 부품 납품. 애초부터 그들의 기업이념이 '가정에서 우주까지'였음

- 다카사고 전기공업(高砂電気工業) : 나고야 소재, 초경량 PUMP제조, 현재 우주STATION이 이 펌프를 사용 중. 이 회사는 내년 중 재생의료산업으로 '세포배양장치'를 개발하여 시중판매 계획

- 우에노 정기(上野精機) : 후쿠오카(福岡) 소재, 반도체의 고속 검사장비 생산업체, 세계시장에서 80%의 쉐어를 보유

- **타케나까 제작소**(竹中製作所) : 동 오사카(東大阪) 소재, 종업원 150명, 볼트/너트 생산, 독자기술의 불소수지 표면처리로 녹슬지 않는 볼트/너트 생산. 세계시장의 70% 쉐어 보유

- **아마이케 합섬**(天池合纖) : 이시카와켄 나나오시(石川県七尾市) 소재, 종업원 43명. 0.025mm의 초극세사로 짜는 직물이 대 히트. 해외시장의 100% 쉐어를 가지고 해외 브랜드에 납품 중

더구나 일본은 100년 이상 된 기업이 3만 3천여 개로 세계에서 제일 많다. 그중에서도 세계에서 가장 오래된 기업 역시 일본에 존재한다. 바로 서기 578년에 설립된 곤고구미(금강조; 金剛組)라는 건축회사다. 이는 백제인이 세운 회사이기에 더욱 친밀하게 느껴진다.

세계 최고(最古)기업, 백제인이 세운 금강조(金剛組)

지금으로부터 1,443년 전 일본의 쇼토쿠태자가 오사카에 지금의 사천왕사(四天王寺)를 짓기 위해 한국의 대목수를 초청했다. 이때 유중광(柳重光)이라는 대목장이 뽑혀서 다른 두 사람과 같이 오사카로 가서 절을 짓게 되었다. 절의 공사가 완공되어 그 웅장하고 미려한 백제식 건축물을 대면한 성덕태자는 실로 감격했다고 한다. 당장 유중광에게 곤고(金剛)라는 성을 내려 일본에 정착토록 하였다.

사천왕사가 완공된 593년 즉 1,428년 전의 일이다. 유중광은 이때부터 곤고 시게미쯔(金剛重光)라는 일본 이름을 가지고 곤고구미라는 회사를 설립, 운영하게 되었고, 지금은 그의 40대 후손이 대를 물려받아 운영하고 있다. 1583년엔 토요토미의 명령으로 그의 후손이 오사카성을 건축한 바도 있다.

무엇보다도 이 회사가 유명해진 것은 1995년 고베·오사카

8. 그래도 무시 못 할 나라 일본   189

대지진 때 건물 16만 채가 파괴되었으나 곤고구미가 지은 건물들은 별 손상 없이 견뎌내 큰 이목을 집중한 바 있었다.

사천왕사

그런 연유로 당시에 "곤고구미가 흔들리면 일본열도가 흔들리게 된다"는 말이 탄생했다. 40대에 걸쳐 1400년을 이어온 건축장인정신의 표본! 항상 세계경영학계의 이목을 받아오고 있다.

아무튼 일본정부의 재정은 궁핍해도 엄청난 부자나라다. 잃어버린 30년 동안 돈도 벌지 못하고 퇴보만 했지만 지금도 경제대국, 선진국으로 인정받고 있는 이유다. 부자가 망해도 3년은 간다는 속담처럼 그들은 아마도 앞으로 10년 이상은 선진국의 대우를 받으며 살아갈 것이다.

한국은 수출에 혼신의 힘을 쏟아 부어서 겨우 몇백억 불의 경상수지 흑자를 보고 있으나 일본은 최근 무역수지는 적자이지만 해외에 심어놓은 자산에서 들어오는 소득수지가 워낙 크다 보니 무역수지 적자를 메우고도 막대한 경상수지 흑자를 보고 있다. 그래서 한국이 맹추격을 해와도 아직은 별일 아닌 듯 한수 아래로 상대가 되지 않는 국가로 생각하는 것이다.

무역적자는 있어도 경상수지 적자는 없는 일본

❖

2020년의 한일 간의 경상수지 현황을 살펴보면 한국은 경상수지 흑자가 750억 달러, 일본은 1,690억 달러였다. 한국의 경상수지 흑자는 거의 수출로 얻어진 결과다. 소득수지로만 본다면 한국은 120억 달러 흑자인데 반해 일본은 무려 2천억 달러 흑자였다. 일본은 해외에서 들어오는 소득수지 2천억 달러로 국내의 무역수지 적자 등을 덮고도 1,690억 달러의 흑자를 내고 있다. 이런 식으로 일본은 80개월 이상을 경상수지 흑자국으로 인정받고 있다.

대한민국도 무역에 의한 수출흑자에만 의존할 것이 아니라 해외투자를 많이 하여 수출불황기에 대비해야 한다. 수출은 언제 위기에 빠질지 모르기 때문이다. 해외투자를 확대함으로써 수출강국뿐만 아니라 투자강국이 됨으로써 안정적인 경상수지 흑자국으로 나아가야 할 것이다.

해외투자를 많이 해놓은 일본기업들은 국내에서 자금이

부족할 경우 해외의 자산을 처분해서 국내에 자금을 들여오는데 반입자금이 워낙 크다 보니 엔화의 환율이 갑자기 인상되는 현상으로 수출에 차질이 빚어지곤 한다. 고베지진 때나 도후꾸 대지진 때 보험사들이 이렇게 지급보험금을 마련하여 위기를 넘길 수 있었다.

세계 최대 자동차 기업 토요타의 진로

자동차 산업을 살펴보면 토요타가 2019년에 1천4십5만 대를 팔아 폭스바겐을 제치고 세계 제1의 생산, 판매 기업이 되었다. 그러나 향후 수년 내 전기자동차 시대가 도래할 것은 명약관화한 일인데 일본국민들은 오로지 토요타의 자존심인 하이브리드 자동차에만 열광하며 전기자동차엔 관심이 희박하기 때문에 토요타는 전기자동차 개발엔 타 메이커들에 비해 상당히 뒤쳐져 있는 느낌이다(전기차 메이커 BIG 5에도 들지 못하는 상황이다). 이러한 국내사정으로 토요타는 지금 갈라파고스 증후에 갇혀 있다고 본다.

참고로 작년 업체별 전기차 판매실적을 보면,

1위 테슬라　　: 44만 대
2위 폭스바겐　: 38만 대
3위 GM　　　 : 22만 대

4위 현대·기아 : 19만 8천 대

5위 르노닛산　 : 19만 4천 대

이상이 작년 전기자동차 판매의 BIG 5의 실적이다.

그러나 현재 토요타는 전고체 배터리 개발에 전력투구하고 있으며 어느 업체보다 전망이 밝다. 전고체 배터리란, 현재의 전기차용 배터리 문제점들을 해결하기 위해 현재 사용 중인 리튬이온 배터리의 전해질을 액체 상태에서 고체 상태로 바꾸는 방식이다. 현재의 리튬이온 배터리의 전해질이 폭발 위험성의 위험도가 크고 밀도가 옅어 많은 전기를 보유할 수가 없기에 조속히 바꿔야 하는 최첨단의 배터리다. 전고체 배터리 개발에 전세계의 전기차 배터리 업체들이 혈안되어 있으며 그중 토요타가 가장 앞서 있다고 한다 (2025년 상용화 계획).

만약 토요타가 어느 업체보다 빨리 이를 개발, 상용화한다면 또 한번 전기자동차 분야에서 토요타가 리드할 수 있을 것으로 본다.

기술입국 일본

 그리고 무엇보다 일본은 기초과학에 대한 끊임없는 연구, 개발과 이에 대한 정부, 기업들의 투자는 노벨과학상 수상자를 24명이나 배출케 하였다. 일본경제가 잘나가던 60년대와 70년, 80년대에 투자한 결과물로 오늘날 많은 수상자를 배출하고 있다. 그러나 지난 30여 년간을 침체만 겪어왔던 일본이 앞으로도 이런 실적을 거둘 수 있을지는 미지수다.
 국방력 또한 세계 3~4위를 다투는 무서운 국가다. 더구나 핵폭탄은 규제에 묶여 만들 수는 없으나 그들은 이미 1980년에 여러 기업체에서 원폭 제조기술을 보유하고 있었다. 파키스탄이 핵폭탄을 개발하게 된 것도 그 당시 어느 일본기업이 기술을 넘겨주어 파키스탄이 핵보유국이 되었다고 한다.
 뿐만 아니라 척당 13억 불이나 하는 이지스함 8척을 보유해 미국 다음으로 많이 보유한 국가이다.
 전투기 또한 그들의 실력을 일찍이 세계에 과시한 바 있었다. 제2차 세계대전 중 진주만 공격 때 사용해 연합군을 공포에 떨게 만든 제로센, 나중에 가미가제 자살폭격기로 쓰인 이 전투기, 세계에서 제일 가볍고 순발력 최고의 폭격기를 만든 그들의 항공기 제작기술, 제2차 세계대전 당시 그들은 미국·러시아도 도저히 따라잡을 수 없는 항공기술력을 보유하고 있었다.

최근 그들의 행보를 보면 전투기에 관한한 한국과의 격차가 크게 벌어질 전망이다. 한국은 지금 기껏해야 4.5세대의 KF-21개발을 진행 중이지만 일본은 6세대 스텔스전투기 개발에 박차를 가하고 있다. 우선 개발 최대의 난제인 엔진은 항공우주분야 선진 메이커인 롤스로이스와 공동개발을 계획하고 있다. 만약 이 사업이 성공적으로 이루어진다면 일본은 수년 내에 가공할 스텔스제로센을 보유하게 될 것이다.

오늘날 잘 알려진 최첨단 무기를 개발하는 데는 천문학적인 돈이 들어간다. 설불리 개발할 수가 없는 이유다. 그러나 일본은 과거 세계 2위의 경제 대국으로서 긴 호황기 때가 있었기에 개발이 가능했다. 일본은 현재 '무기수출금지 3원칙'에 묶여 있으나 만약 그들이 이를 무시하고 첨단무기를 수출한다면 일본은 단기간에 경제발전을 이룰 수 있을 것이다.

1983년 사할린 상공에서 KAL기를 격추시켜 승무원, 승객 269명의 목숨을 앗아간 소련의 KAL기 격추사건이 있었다. 이때 UN에서 소련이 계속 발뺌을 했을 때 미국대표가 당시 소련 조종사들의 대화 내용을 공개해 꼼짝 못 하게 만들었다. 이 또한 일본이 녹음을 제공한 것으로 밝혀졌다.

일본은 소련과 인접한 북해도의 와까나이(稚內)에서 계속 소련기의 항공기와 지상기지와의 교신을 감시해 왔으나 당시 일본정부는 이 사실이 세상에 알려지면 불리하다고 생각해 이의 공표를 극구 꺼렸으나 당시 나까소네 총리의 결심으로 미국 레이건 대통령에게 전달, 결국 UN에서 공개하게 되었다고 한다.

소련과 최단거리에서 마주보고 있는 북해도 와까나이(稚內) 노샤프 해안곶에 세워진 자위대의 레이다

우주개발 기술 또한 세계 선두그룹에 들어 있다. 일본이 우주개발을 시작한 지 60여 년, 멀찍이 앞서가는 소련과 미국의 발자취를 추적하며 눈부신 발전을 거두었다. 2009년부터 쏘아올린 H-2B 로켓은 16톤의 위성도 발사할 수 있는 대형로켓으로서 정밀도나 정확도에선 미·소 어느 나라도 따라올 수 없다고 한다.

대륙 간 탄도 미사일 발사도 얼마든지 가능하다. 또한 2015년, 일본 최초로 해외의 상업위성을 실어 발사에 성공한 H-2A로켓은 34,000km 도달에 성공, 비약적으로 진보하였다.

무엇보다 일본 우주개발기술의 압권은 2013년에 발사해 작년 2020년에 귀환한 소혹성 탐사기 '하나부사2'이다. 소혹성 류구에 착륙하여 지표의 모래를 날러 왔다. 그 외에도 직경 약 10m의 인공 크레이터를 만들고 착륙 정밀도 약 60cm에의 착륙 등 7가지의 '세계최초'를 달성하고 경이적으로 미션을 달성하고 무사히 귀환한 역사적인 쾌거일 것이다.

마쯔리(祝祭)의 나라 일본

일본 전통문화 중 세계 어디에 내놓아도 긍지를 가질 수 있는 문화 3가지를 들어보라면 가부끼(歌舞伎), 스모(相撲) 그리고 마쯔리일 것이다.

대체로 5월부터 8월 사이 각 지방에서 벌어지는 지방 고유의 특색 있는 마쯔리를 보면 그들의 전통문화에 대한 애착심과 긍지를 느낄 수 있다.

성인이 된 어른들에게 어릴 때 고향에서 가장 인상 깊었던 것이 뭐냐고 물어보면 어머니의 미소시루(된장국)와 마쯔리에 참가했던 기억이라고 한다. 특히 조그만 시골 어디에서나 벌어지는 오봉 마쯔리(그들의 추석인 8월 15일 조상을 기리기 위해 남녀노소가 함께 동네 앞마당에서 즐기는 마을의 춤 축제)에 엄마, 누나와 손잡고 즐기던 그 추억을 그들은 잊지 못한다. 혹시 대도시의 축제에서 미꼬시(가마)라도 직접 메고 참가해본 사람은 매우 영광스런 추억으로 간직하고 있다.

그리고 축제에 따라 주최 측에 따라서는 관객들을 직접 행사에 끌어들여 함께 즐기는 마쯔리로 만드는 곳이 많다. 직접 의상이나 소품들을 빌려 주기도 하면서….

만약 나에게 일본에서 가장 볼만한 마쯔리 네 군데를 뽑으라면, 도쿠시마(德島)의 아와(阿波) 마쯔리, 아오모리(青森)의 네부타 마쯔리, 교토의 기온(祇園) 마쯔리, 그리고 하까타(博多, 후쿠오카)의 야마카사(山笠) 마쯔리를 꼽겠다. 기회가 닿는다면 꼭 참관하여 그들과 함께 즐겨 볼 것을 권하고 싶다.

도쿠시마 아와(阿波) 오도리 축제

아오모리 네부타 마쯔리

교토 기온 마쯔리

하카타 야마카사(山笠) 마쯔리

각 마을마다의 봉 오도리 축제

중국과 일본과의 기싸움

 2010년 9월 센카쿠 열도에 중국 어선이 침입하여 일본 순시선과 충돌한 사건이 있었다. 이때 중국의 선장을 체포하여 구속했으나 오래가지 않아 풀어줘야 하는 웃지 못할 희극이 벌어졌다. 중국이 선장을 풀지 않으면 희토류공급을 끊겠다고 옥죄어 왔기 때문이다. 결국 선장은 풀어주고 일본정부는 국민들에게서 엄청난 비난을 받았다. '범법자를 풀어주는 무능한 정부라고'….

 이 당시에 일본국민들 사이에선 분통이 터진 나머지 지금 이 시점에서 중국과 한판 붙어야(전쟁) 된다는 열변이 여기저기서 터져 나왔다. 이때부터 일본은 군사력면에서 중국을 무시하지 못하는 대등한 관계로 들어서게 되었다.

 일본은 밖으로 표출하진 않으나 그동안 미국과 손잡고 무서운 병기들을 생산하고 수입도 하고 있다. 비록 일본이 장기간 침체돼 왔지만 아직은 일본이 경제력이나 국방력 그리고 산업기술에서 한국보다 몇 단계 위임에는 틀림없다. 이것이 일본을 우습게 봐서는 안 되는 이유다.

일본 마루한(파친코)의 한창우 회장의 고언을 잊어선 안 된다.

> "한국의 GDP가 일본을 추월했다고 예? 그런 거 가지고 거대한 일본을 따라잡는다고 예? 그런 거만 가지고 일본을 따라잡는다는 건 택도 없는 소립니더."

GDP가 일본을 추월했다고 해서 거대한 일본을 앞서기에는 아직 갈 길이 멀다는 얘기다.

9

일본인들의 근본 사고
• 그중엔 배워야 할 점이 있다 •

남에게 폐를 끼치지 마라

❧

　남에게 폐를 끼치지 않으려고 무던히도 애쓰는 국민, 모든 일에 계획성 있고 치밀하며 준비성 많은 국민, 위쪽의 구심점으로 잘도 뭉쳐지는 국민, 공중도덕을 잘 지키며 남부터 배려하는 국민 등등 일본을 긍정적으로 보는 미사여구가 수도 없이 많다.

　그러나 그들을 평하는 데는 이러한 긍정적인 면 못지않게 부정적인 면 또한 많다. 이제부턴 그 양면을 살펴보기로 한다. 그중 긍정적인 좋은 사고나 관습은 우리가 배워야 한다.

　한중일 3국의 자식들 교육에 대한 재미있는 얘기가 있어 소개해 본다. 한국의 어머니들은 아이들 교육을 '절대로 남에게 져선 안 된다'라고 가르치는데 반해 중국은 '절대 남을 믿어선 안 돼'라고 가르친다고 한다. 그런데 일본의 어머니들은 '절대 남에게 폐(迷惑)를 끼쳐선 안 돼!'라고 가르친다고 한다.

그들은 남에게 폐를 끼치는 것을 금기시 한다. 어릴 때부터 남이나 사회에 폐가 되는 일은 하지 않도록 길들여졌다. 남에게 폐가 되지 않으려고 항상 상대와 거리를 둔다. 상대를 간섭하기도 받기도 싫어한다. 그래서 오랫동안 사귀어도 항상 평행선이다. 한마디로 인간미가 없다.

약속시간과 한번 결정한 일은 정확히 지킨다. 어릴 때부터 교육으로 룰과 매너를 지켜야 한다는 강박관념이 몸에 배어 있다. 코로나19에 걸린 것 같아도 여간해서는 검사받으러 가지 않는다. 검사시설이 부족해 검사받기가 힘든데다 검사결과가 음성으로 나오면 괜한 것 가지고 폐를 끼쳤다고 생각하기 때문이다.

죽으면서까지 폐를 끼치지 않으려는 일본인

❧

홀로 살다가 고독사로 세상을 떠나는 사람들 역시 지인이나 장례를 집행해 줄 관공서에 폐를 끼치지 않기 위해 장례비는 미리부터 베갯속이나 다다미 밑 같은 집안 어디엔가 꼭꼭 숨겨놓고 산다. 죽기 직전에 기회가 닿으면 지인이나 이웃에 얘기한다. "장례비는 안방 다다미 밑에 있으니 만약 내가 죽으면 그 돈으로 초상을 치뤄 달라고…."

그러나 아이러니하게도 홀로 살다 죽은 사람이 생겼을 때 제일 먼저 방문하는 사람은 이웃도 아니요, 관공서 직원도 아니다. 도둑이 제일 먼저 방문해 돈을 뒤져 찾아간다. 이건 암묵의 습관이기 때문에 도둑은 알고 찾아오기 마련이다.

2016년 7월 사가미하라시(相模原市)의 장애자 시설에서 근무하는 한 간호사가 식칼로 입원하고 있는 장애자를 찔러 무려 45명의 사상자를 낸 사건이 있었다. 뿐만 아니라 같은 해 요코하마 시내에 있는 한 양로시설에선 근무 중이던 간호사가 3개월에 걸쳐 몇 년 아니 몇 달밖에 살 수 없는 노인 입소자들의 링거주사에 계면활성제를 투입해 무려 50명을 살해한 끔찍한 사건도 발생했다.

  이 두 개의 끔찍한 사건 내면에는 일본인들만이 가진 똑같은 사고방식이 내재하고 있었다. '사회에 이바지 못 하고, 생산성이 없는 인간은 사회에 폐만 끼칠 뿐(めいわくをかける) 살아갈 의미가 없다'는 것이다. 어릴 때부터 폐를 끼쳐선 안 된다고 교육받으며 자란 그들의 사고방식이 여기까지 비약해 버린 결과다.

지시 없이는 움직이지 않는, 지시만 따르는 민족

원리원칙만 따지며 법과 규율대로만 집행하는 정부, 정부의 말이라면 무조건 믿고 따라왔던 국민들, 일본인들은 정부의 방침이나 위에서의 지시에 따르고 순응하는 양과 같은 존재들이다. 아무리 위급한 상황에서도 지도층과 금방 일체화가 되어 정부를 따른다. 과거 한국의 한 국회의원이 일본에 와서 했던 말이 기억난다. "일본에서 정치하라면 누워서 떡먹듯이 하겠다고…."

2011년 3월 11일 도후꾸(동북)지방 대지진 때의 일이다. 피해지역에서 원자로 파괴로 인해 각종 농산물과 우유에서 방사능이 처음 검출되었을 때 즉각 정부가 농축산물 유통금지령을 내린 바 있었다. 그때 시금치를 트럭 가득히 싣고 팔러 가던 한 농부가 이 소식을 라디오로 듣고 집으로 되돌아가 스스로 이를 폐기하는 것을 TV로 보았다.

어느 목장의 주인은 하루 종일 짜놓은 우유를 정부의 발표가 있자 그 많은 원유를 덤덤히 그대로 쏟아 버리는 취재장면도 보았다. 왜? 믿는 정부가 그렇게 하라니까….

지진 발생 후 사흘간은 그 흔한 물자공급조차 제대로 되지 않아 빵 두 개와 라면 한 개만이 배급되었다. 하지만 그 누구도 불평하지 않고 차분히 줄을 서서 받아 간다. 모두가 밝다. 전 재산을 잃고 가족을 잃었지만 울부짖는 사람 하나 없이 잘도 참는다. 인내의 달인들이다.

이렇게 한없이 인내하며 자숙할 줄 알고 남을 배려할 줄 아는 일본인들, 순한 양들처럼 정부를 믿고 따라주는 국민이 이 세상에 또 있을까 싶었다. 당시 전세계로부터 많은 감탄과 찬사를 받았다.

그리고 일본인들, 친절하고 인사성 밝은 민족이지만 그들은 100년을 사귀어도 자기 속내(혼네)를 절대 남에게 보이지 않는다. 도대체 뭘 어떻게 생각하는지 그들의 외면성(타테마에)만으로는 알 수가 없다. 그리고 튀는 행동은 안 한다. 분수에 넘치는 일도 안 한다. 조직에서 튀거나 그 조직에 맞지 않는 과분한 행동을 할 땐 즉시 눈밖에 나 이지메의 대상이 된다.

NO라고 직접 표현하지 못하는 일본인

❖

 좀처럼 자기의 의사를 나타내지 않는 민족, 싫어도 반대의 표시를 뚜렷하게 하지 않고 애매모호하게 해버리는 민족, 수십 년을 사귀어도 도대체 yes인지 no인지 알 수가 없는 민족. 그들은 싫다고 거절할 때도 "이이데스요"라고 할 때가 많다. 좋다는 뜻이다. 그런데 사실을 알고 보면 "상관없으니 잊어버려라, 하지 않겠다"는 부정하는 뜻이다. 이 말에 몇 번을 오해한 적이 있었다.

 처음 일본에 들어왔을 때의 일이다. 월셋집을 구할려니 보증인을 일본인으로 세워야 했다. 별것 아니라고 생각하고 거래처 사장한테 부탁하니 "이이데스요. 한번 생각해 봅시다"라고 하길래 잘됐구나 싶었다. 그 후 1주일을 기다려도 연락이 없었다. 전화를 걸어 봤으나 통화도 되지 않아 다른 지인한테 이 이야기를 했더니 '그 사람은 그때 거절한 거'라고 했다. '아니 거절할 거면 확실하게 그때 거절하지 해줄 것같이 애매하게 대답하고선 사람을 열흘 가까이나 기다리게 해?' 정말 화도 나고 창피하기도 했다. 그 후 그는 우리 회사에 일절 들르지 않았다. 그들의 사고에 따르면 내가 그에게 큰 폐를 끼친 셈이다.

그 후로도 수없이 이사를 다녔는데 그때마다 보증인을 세우는 게 너무나 어려운 숙제였다. 내국인이면 보증회사에서 보증서만 받으면 입주가 가능하지만 난 외국인이기에 보증회사에서 보증서를 받으려면 보증인을 세워야 하고 때에 따라선 집주인한테도 보증인을 세워야 하니 외국인인 필자로선 보통 어려운 문제가 아니었다.

보증서도 받고 보증인도 세워서 집주인에게 제출하면 그때부터 심사가 시작된다. 일본에 온 지가 얼마나 되었느냐, 일본에 친척이 없느냐는 등 온갖 문의에 답하고 나면 입주가부가 내려진다.

그리고 놀란 건 임대차계약서이다. 부동산 소개회사에서 작성하여 넘겨주는 걸 보면 보통 5~6페이지다. 한국이라면 1~2페이지로 끝나는데 이렇게 조건이 많다. 벽에 못을 박으면 퇴거 시 얼마를 배상해야 한다든지, 퇴거 시엔 입주 후 설치한 시설(에어컨, 화장실 비데, 전등 등)을 제거해야 한다는 등의 세세한 조건을 잘 암기하고 있어야 손해를 적게 본다.

일본의 부동산 임대차 제도

❦

일본의 부동산 임차제도는 상당히 선진적이며 큰 경제적인 부담 없이도 집이나 사무실을 빌릴 수 있어서 편리하다. 그들은 전세제도가 거의 없고 매월 임대료(월세)를 지불하면 된다. 보증금으로 월세의 3~4배의 금액을 입주 시 지불해야 한다. 퇴거 시 이 보증금을 환불받기로 되어 있지만 여기서 위약금조로 얼마 차감, 즉 퇴거 시 원대복귀가 안 됐다고 차감, 청소가 제대로 안 돼 있어서 얼마 차감 등 하고 나면 받는 돈은 반쪽이 나거나 때로는 오히려 되갚아야 할 때도 있다.

이런 시스템은 이해를 할 수 있으나 도저히 납득이 가지 않는 건 레이낀(禮金)제도다. 즉 집을 빌려줘서 고맙다는 표시로 집주인에게 월세의 몇 달치 분을 그냥 바치는 돈이다. 아주 잘못된, 납득이 가지 않는 풍습이다.

동경시 외곽지역의 아파트라면 2LDK(방 2개)에 보통 10~15

만 엔, 지방도시라면 6~10만 엔의 월세를 지불하면 구할 수 있다. 한국같이 빌리는데 보증금이 억대가 들어간다든지 하지는 않는다. 그래서 일본에서는 신혼집을 구하지 못해 결혼을 미룬다는 경우는 없다. 최하등급의 급료를 받는 직장인도, 지방에서 올라와 공부하는 학생들도 살집을 구하는 데는 거금이 필요 없어서 좋다.

선비 문화와 실용주의(칼) 문화

그들은 일이 벌어지기 전에 사전 준비하는 능력과 대응능력이 어느 국민보다도 뛰어나다. 미래의 불확실성에 대한 대비가 아주 훌륭하다. 훈련이 몸에 배어 있다. 한국은 재해가 터지고 난 후 그 수습비용으로 재해비의 80%를 쓰는데 반해 일본은 사전대비에 80%를 쓴다고 한다. 일본은 어디를 가나 울창한 산림이 있지만 향후 200~400년 후 목조문화재를 부수하는 데 쓸 목재를 별도로 나무를 심고 있다.

한국은 조선왕조 5백 년을 유교사상에 젖은 사회이다 보니 일본인들처럼 현실주의자가 못 된다. 세종대학교 교수인 호사카 유지 교수는 한국과 일본 두 나라의 역사 차이로 인한 두 민족 간의 사고의 차이를 다음과 같이 설명하고 있다.

"일본은 700년 동안 계속된 사무라이 시대를 거치면서 싸우는 법을 우선적으로 배워야 했기에 중국에서 건너온

'손자병법'이 단연 그들의 지침서가 되었다. 손자병법은 이기는 게 목적이다. 아무리 잔인해도 이기기만 하면 된다. 반면 한국은 이상주의적 사상인 주자학만이 존재하고 현실주의 사상이 결여된 국가였다.

그래서 한국인은 이상주의에 젖어 꿈과 이상을 말하는 데는 능숙하지만 구체적인 협상엔 빈약하다. 반대로 일본인들은 이상주의적인 이야기는 못해도 일을 구체적으로 진행시키는 데에는 강하다.

일본인들은 어떤 일을 시작할 때 미리부터 치밀한 계획을 세우고 치밀한 준비를 한다. 그리고 이익이 있을 거라는 계산이 먼저 나오지 않으면 절대로 시작하지 않는다. 좋게 말하면 신중하고 나쁘게 말하면 모험정신이 없다. 그래서 일본 내에는 벤처기업이 번성하질 못한다.

이에 비해 한국인은 모험심이 강하다. 사전준비가 충분치 않은 상태에서도 새로운 걸 과감하게 시작한다. 좋게 말해서 용감하고 도전정신이 강하지만 나쁘게 말해서 신중하지 못하다."

한국인의 집을 방문해 보면 대체로 조상이 남긴 유물로 서예 액자나 병풍, 문집들이 비치되어 있다. 조상이 양반이었던 걸 자랑하는 것이다. 그러나 일본인들의 집을 방문해 보면 대체로 조상이 쓰던 칼이나 갑옷·투구들을 장식하고 있다. 조상이 사무라이였다는 걸 자랑하기 위함이다. 여기에서 학문을 중요시하는 한국문화와 칼을 앞세운 사무라이 문화인 일본문화와의 차이를 여실히 느낄 수 있다.

규율·지시라는 프레임에 갇혀 버린 일본인

일본은 큰소리의 항의가 없는 나라다. 영국의 BBC방송에서 지적했듯이 일본사회에선 me too 같은 사회운동이 일어날 수 없는, 설사 일어난다고 해도 사회적 반향을 일으킬 수 없는 나라다. 일본인은 자기의 표현이 서툴고 부자연스럽다. 자기의 의견이 있어도 타인의 의견, 분위기를 우선시하고 자기 의견을 죽인다. 그들은 집단행동을 중시한다. 혼자 단독행동하거나 튀는 행동은 삼가며 점잖은 행동을 보인다. 어릴 때부터 집단의 중요함이 몸에 배어 있기 때문이다.

주위의 의견, 행동에 쉽게 동화한다. 연대의식이 강하여 타인과 다른 행동하는 걸 좋아하지 않는다. 자신의 생각이 어떻건 타인의 생각, 행동에 합치시키는 경우가 허다하다. 그래서 긴 논쟁이 있을 수 없으며 여간해선 싸움이 일어나지 않는다. 그래서 일본의 위정자들은 이러한 국민들의 관습을 정치에 아주 잘 이용하고 있다.

규율이라는 프레임에 갇혀 자력으로는 한발자국도 전진할 수 없는 국민, 아주 현실주의적인 그들의 눈에 나아갈 길이 보여도 혼자서는 결코 나아갈 수 없고 집단이 움직이거나 규율이 바뀌지 않는 한, 또는 위에서 지시가 없는 한 절대 움직이지 않는 민족이다. 그래서 얼마 전 코로나백신 접종지에서 웃지 못할 사건이 벌어졌다. 사이타마시의 한 접종소에서 발생한 일로 접종권을 가져오지 않은 사람들이 꽤 있었다. 접종 시에는 접종권이 있어야 한다는 룰이 있기에 그 많은 미소지자를 전부 돌려보냈다고 한다.

결국 해동시킨 몇 천명분의 백신이 다 못쓰게 되어 폐기시켰다. 그 후 그들이 좋아하는 회의를 거쳐 접종권 미소지자도 접종가능토록 규율을 바꿈으로써 일이 해결되었다고 한다. 룰만 따졌지 그들의 행동이 어떤 결과를 가져올지 전혀 관심 밖이다.

2019년 태풍19호가 일본 사이타마현을 강타했을 때의 일이다. 사이타마의 야마키타라는 지방에 마실 물 부족사태로 전 시민이 고통을 겪고 있을 때 그들은 인근에 소재한 자위대에 직접 도움을 요청, 자위대가 식수와 함께 파견되었으나 현청(도청)에서 '자위대 요청은 반드시 현청을 거쳐 해야 하는데 지방단체에서 직접 요청하는 것은 룰 위반'이라고 해 할 수 없이 자위대는 그 많은 물을 싣고 돌아갔다. 그 후 주민들은 현청에서 물을 공급할 때까지 상당한 시간을 고통 속에서 지냈다고 한다.

규율과 지시에 따를 수밖에 없었던 그들의 역사

2006년 때쯤인가. 우리 회사가 어느 시야쇼(시청)에서 보유하고 있던 상당 물량의 철재(鉄材)를 사들인 적이 있었다. 무더위 속에서 땀흘리는 시청 노무자들에게 캔음료를 가져가서 전했다. 그들 중 조장인 듯한 자가 나눠준 캔을 전부 회수하더니 "허락을 받아야 되니 잠깐만 기다려라"면서 사무실로 들고 갔다. 한참 후 나와서는 허락을 받았으니 마셔도 된다는 것이다.

그들의 룰에는 "업체로부터 금품이나 접대를 일절 받아선 안 된다"는 룰이 있기 때문에 그 프레임에서 빠져나오지 못해 이러한 사소한 일에도 혼자서는 결정하지 못해 벌어지는 해프닝이었다.

그러면 일본인들은 왜 이렇게 독자적인 행동으로 미래를 개척하지 못하고(안 하고) 주어진 틀에서 지시만 따르게 되었을까? 이를 이해하기 위해선 다음의 사실이 도움을 주리라 본다.

일본엔 자연재해가 수없이 많다. 1년이 멀다하고 몰려오는 자연재해에서 살아남기 위해서는 이웃들과 똘똘 뭉치는 공동체의식과 자기들을 인도해 줄 강력한 리-더가 필요하다. 그러므로 그들의 리-더, 통치자의 지시를 잘 따르는 것은 필연적이다.

사망자 2만여 명을 낸 동일본 대지진 같은 가공할 재해를 겪으면서 그들은 무엇보다 안정 제일주의를 갈구하였다. 새로운 변화를 두려워하며 변함없는 현상유지를 원하게 된 것이다. 심지어 그들은 새로운 지역으로 이사가는 것을 극히 두려워하고 꺼린다. 새로운 지역에서의 새로운 인간관계나 개척 같은 것을 꺼려하며 원치 않는다. 그것이 디지털사회로 진입하지 못하는 큰 원인이 되기도 한다.

혼네(本音)와 다테마에(建前)

어느 환경에 처했을 때 느끼고 표현할 때 마음속에 가진 것과 겉으로 나타내는 내용이 다른, 일본인에게 나타나는 이중적인 사고방식이다. 다테마에(建前)는 상대방에게 드러내는 포장된 언어이며, 혼네(本音)는 본인이 가진 속내 마음이다. 즉 다테마에는 자기의 체면을 유지하며 상대의 입장도 살려주기 위해 돌려서 표현하는 언어다.

내뱉는 말과 속마음이 다르다면 '겉 다르고 속 다르다'고 한국에서는 욕이 되겠지만 일본에서는 그렇지가 않다. 이는 일본인에겐 과거에 살아남기 위한 수단이었으며 근래엔 사회생활에서 필수적인 처세술로 여기고 있다.

싫다는 표현을 제대로 못 하는 일본인들에겐 상대에겐 기분이 상하지 않게 하고 본인 또한 체면을 지키며 관계를 계속 유지하기 위한 다테마에의 표현을 추구해 왔다. 혼네는 숨기고….

가령 "보증 좀 서달라"는 부탁을 받았을 때 서줄 마음은 조금도 없으면서도 NO라고는 말을 못 하고 "그래요, 한번 생각해 봅시다"라거나 "검토해 봅시다"라고 다테마에를 내세우며 거절한다. 필자도 도일(渡日) 초창기에 이 말의 혼네를 몰라 낭패를 본 적이 있다.

일본인과 대화할 땐 그들의 밖으로 내뱉는 말 속의 혼네가 무엇인지를 추리할 필요가 있다.

10

도쿄 올림픽을 끝내고

무리하게 개최된 올림픽

코로나19가 만연하여 전국을 휩쓸고 있던 시점에서 조마조마하게 열렸던 도쿄올림픽, 처음부터 말도 많고 탈도 많았던 올림픽이 이제 끝이 났다. 1년을 연기했다가 열리는 도쿄올림픽인데 아직도 코로나는 만연한 상태이다 보니 어수선하고 허술하고 불안하기 짝이 없었다.

매일 도쿄에서만 4천 명 전후의 확진자가 속출하는 비상사태 속에서 일본국민들이 개최를 반대했건만 IOC와 일본 정부의 완력으로 열렸다. 결국 스가정부의 고집이 8할에 가까운 국민들의 반대를 꺾은 셈이다. 정부의 말이라면 순한 양과 같이 잘 따랐던 국민들한테 많은 변화가 올 것 같다.

매일 쏟아져 들어오는 각국 선수들을 대하는 공항부터 대책이 엉성하기 짝이 없었다. 코로나19의 전파를 방지하기 위해 입국하는 외국선수들을 버블로 감싸서 올림픽이 끝날 때까지 절대 그 거품에서 나오지 못하게 하겠다던 장담은 어딜 가고 입국 첫날부터 도쿄시내엔 어슬렁어슬렁 구경하러 다니는 외국선수들이 부지기수였다.

매일매일 코로나 검사를 거칠 때마다 확진자가 늘어나고 있다. 올림픽 선수단 12,000명의 선수들과 staff들이 한동네의 선수촌에서 먹고 자며 생활하는데 도대체 확진자가 어디까지 늘어날지 모를 일이다.

일본인들을 들끓게 만든 한국의 선수급식센터

금년 도쿄올림픽에서 보여 준 일본에 대한 한국의 행동은 거침이 없었을 뿐만 아니라 좀 과격하다 싶었다. 일본국민이 어떻게 생각하건 후쿠시마산 식재료는 방사능 위험이 있으니 우리 선수들 식단은 우리 식품으로 챙기겠다며 별도의 장소에서 선수들의 도시락을 제공함으로써 일본인들에게서 극도의 반발을 샀다. 그들은 '모든 일본사람이 먹는 후쿠시마산 식재를 방사선 운운하면 그걸 매일 먹고 사는 우리를 어떻게 보느냐'는 반발이다. 그리고는 시시때때로 일본 TV에서 한국 급식지원센터에서 식재료들의 방사능 체크하는 장면을 보는 일본인들에게 이를 갈게 만들었다.

처음부터 미국처럼 후쿠시마 방사선 운운은 빼고 '우리 선수들의 건강을 북돋우기 위해 우린 별도로 한국고유의 스테미나식을 제공하겠다'는 이유로 도시락을 제공했다면 얼마나 좋았을까 싶었다.

일본인들뿐만 아니라 필자도 후쿠시마 원자로 사고 이후 10여 년을 후쿠시마산 식재료를 알게 모르게 먹어 왔고 불안감이 없는 건 아니지만 아직은 건재하다. 그런 환경에서 살고 있는 일본인들은 후쿠시마, 원자로 파괴, 방사선 유출, 방사선 오염수 같은 단어에 노이로제에 걸려 있다 해도 과언이 아니다.

사고 후 10년째 '완전 회복된 후쿠시마 상황을 만천하에 보여주고 그곳의 식품 또한 아무런 문제가 없다'는 것을 보여주고 싶은 올림픽이었는데 한국이 유독 방사능, 방사능 하면서 초를 치니 참고 있을 수가 없다는 얘기다. 더구나 선수에게 주는 꽃다발을 두고도 한국의 매스컴에서 '후쿠시마의 방사선 꽃다발'이라고 떠들어 댔으니 이 또한 일본인들의 감정을 얼마나 긁었을까.

이 모든 게 상대에 대한 배려가 부족하지 않았나 생각한다. 비록 우리의 쓰라린 과거를 몇 배로 되갚아 주고 싶은 상대, 일본이지만 그들의 잔칫상에 이렇게 재를 뿌릴 것까지는 없지 않았을까. 올림픽이 끝난 지금도 일본 유-튜버들이 올린 내용이나 뉴-스에 달린 댓글들을 보면 전쟁이 따로 없다. 최악의 댓글들이 몇 페이지를 장식하고 있다. 한국은 한국대로….

사태의 심각성을 느낀 일본정부가 올림픽 기간에 한국 선수단 관리팀에게 한국의 행동이 후쿠시마 주민에 대한 피해를 조장한다며 적절히 대응해 줄 것을 요청하기도 했다.

끝날 줄 모르는 한일 간 경기장 밖 싸움

선수촌 입촌 첫날부터 한일 간에 신경전을 일으킨 '신에겐 아직 5천만 국민의 응원과 지지가 남아 있사옵니다'라는 현수막 또한 한일 간에 큰 앙금을 남기고 결국 IOC의 관여로 내리게 되었다. 초장부터 한 개의 현수막이 전 일본을 뜨겁게 흥분시켰다.

이에 대한 일본 네티즌들의 반응을 보면, "이순신은 한일해전에서 일본의 총탄을 맞고 죽은 장수가 아니냐. 올림픽에서 일본과 다시 붙자는 얘기냐" "올림픽에 전쟁 얘기가 웬 말이냐, 올림픽을 더럽히지 마라" "너네들이 일본이 아닌 딴 나라에서 올림픽이 열린다면 뜻도 모를 이런 문구를 내다 붙이겠냐? 일본이 너희들 놀림감으로 보이냐" 등등 날이 갈수록 독을 품은 댓글은 늘어만 갔다.

한국의 방송국(MBC)이 저지른 상식 이하의 행동(참가국 소개 시)에 관해서는 장본인인 MBC나 나아가 한국정부로서 변명의 여지가 전혀 없다. 한국의 국가 이미지에 먹칠을 한 방송국의 망동이라고 본다. 여기에 대한 일본 네티즌의 한국을 비웃고 폄하하는 댓글이 몇 페이지를 장식하고 있다. 자책골을 넣은 뉴질랜드 선수에 대한 한국 TV의 '고맙다'라고 한 실언이라든지 상대 선수의 악수 요청을 거절하는 행동, 관중이 없어 잘도 들리는 감독이 선수들에게 내뱉는 욕설, 이 모든 것이 대한민국의 품격을 한없이 깎아내렸다.

올림픽과 같은 평화의 제전에서 평화의 행동 이외에 특이한 행동으로 상대의 아픈 곳을 찌르거나 제3자의 관심을 끌려고 한다면 부메랑이 되어 자기에게 다시 돌아올 수 있다.

우리에겐 일본은 용서할 수 없는 응징해야 할 나라지만 이번 올림픽 때 우리들의 행동은 상대를 너무 화나게 만들지 않았나 하는 게 필자의 사견이다. 그들과는 징용공 문제, 위안부 문제 등 해결해야 할 난제들이 쌓이고 쌓였는데 그 위에 또다시 이번 올림픽으로 인한 후유증을 치러야 하니 걱정이다.

한일 간의 싸움은 언제 끝날 것인가

한일관계가 수교 이래 최악을 달리고 있다. 마냥 지금과 같이 끌고 나가다간 양국이 받는 타격은 실로 크리라 본다. 양국의 정권이 바뀌고 새 지도자가 들어서면 풀어질까. 그러나 정권이 바뀐다고 풀어질 문제가 아닌 것 같다. 한일기본조약이 체결된 1965년 이후 오늘까지 한국에선 10번의 정권이 바뀌었고 일본은 27번의 정권이 교체되었다.

그러나 어느 정권에서도 위안부, 징용공, 독도문제를 해결하지 못하고 오늘날까지 안고 왔다. 모두가 다음 정권에선 어떻게 되지 않을까 하는 막연한 기대를 걸어 봤으나 헛된 기대가 되고 말았다. 그러나 이 문제들은 한국과 일본이 이웃하고 사는 한 언젠가는 해결해야 할 문제들이다. 우리 세대에서 못 하면 우리의 후세들이 해결해야 한다. 그런 의미에서 우리의 다음 세대들의 교육이 참으로 중요하다고 본다.

우선 징용공 문제만 놓고 보기로 하자. 양국 정부의 법령 또는 협의서에 대한 해석의 차이로 서로가 엎치락뒤치락 하고 있다. 앞장에서 보듯이 우리 대법원은 징용공에 대한 일본기업의 보상 명령을 판결했다. 그러나 일본정부는 이전에 다 해결된 일이며 국제법 위반이라고 반발하고 있다.

일본정부의 이러한 주장에 대해 일본 내의 적지 않은 지식인들, 법조인들은 일본정부의 그런 주장은 '억지이며 잘못된 국제법의 해석'이라는 주장을 하고 있다. 심지어 그들 중에는 이 건을 국제재판소로 가져간다면 일본이 질 확률이 훨씬 크다고 주장하기도 한다.

그러나 국제사회에선 정의나 법이 항상 우선하는 것만은 아니다. 때로는 그 나라의 이익과 힘이 지배하는 사회이다. 한국이 계속 일본에 대해 배상하라고 요구하는데 반해 일본은 국제법 위빈이리고 세계만방에 선전하고 있다. 과연 세계의 나라들이 우리의 억울한 사정을 이해해 줄지 아니면 일본의 선전에 동조되어 '파렴치한 한국'으로 인식될지 매우 걱정되는 부문이다.

일본은 갑과 을의 서열 문화에 뼈가 굵어온 나라다. 자기보다 위에는 한없이 굽신거리며 같은 급에겐 친절하기 그지없으나 자기보다 못한 아래 등급한테는 비정하기 짝이 없는 나라다.

한일 문제를 원활하게 처리하기 위해서는 우리가 하루 빨리 갑의 위치로 올라서야 한다. 그래서 서로가 갑과 갑의 평등한 관계에 서서 논의를 한다면 그들의 역사와 원칙에 반하는 턱없는 주장도 꺾을 수 있으리라 본다.

바야흐로 지금 일본엔 다시 한류가 찾아왔다. 과거 총리를 했던 자도, 현직 국회의원도 한국의 드라마에 푹 빠져 있다고 해도 과언이 아니다. '한국은 미우나 한류는 너무 좋다'고 말하는 지도층 부류가 수두룩하다.

한류를 통해 그들을 공략하는 방법은 없을까? 이 또한 한번쯤 생각해 볼 문제다.

저자 소개

한 성 환

- 1947년 경남 거창 출생
- 1972년 고려대학교 경영학과 졸업
- 대기업 근무후 독립, 섬유제품 수출업 자영
- 국제외환위기(IMF)를 맞아 단신 도일(渡日)
- 완전 별개분야인 비철금속 수출에 투신, 현재에 이름

극일의 한국, 혐한의 일본
— 가깝고도 먼 이웃

초판1쇄 인쇄·발행 2021년 11월 22일
재판1쇄 인쇄·발행 2022년 3월 17일

지은이 한 성 환
펴낸이 김 대 자
펴낸곳 내자커뮤니케이션

출판등록 1999.8.2(제301-1999-179호)
우편주소 서울시 중구 마른내로4길 9-1
홈페이지 www.daeja.co.kr
대표전화 02) 2269-6724
팩시밀리 02) 2269-6725

ISBN 978-89-94937-20-5 03810   **정가** 12,000원

ⓒ 2021. 한성환 All Rights Reserved.

이 책의 판권은 지은이와 대자커뮤니케이션에 있습니다.
이 책의 내용을 사전 허가 없이 전재하거나 복제할 경우 법적인 제재를 받게 됨을 알려드립니다.